感谢“人才培养质量建设－一流专业建设（市级）－会计学”（19005903027）对本书的支持和资助

Research on the Pricing Mechanism and Price Operation Mechanism of Carbon Financial Market

Carbon

碳金融市场的定价与价格运行机制研究

郑宇花 / 著

中国财经出版传媒集团
经济科学出版社
Economic Science Press

目 录

CONTENTS

第1章

绪　论

1.1 研究背景与意义

1.1.1 研究背景

全球经济经历了粗放式的快速发展，随之而来的各种环境问题开始困扰人类。全球气候变暖是最严重的环境问题之一，导致许多极端天气和自然灾害发生，如海平面上升、森林火灾、冰川融化等，对人类的生存和发展产生极大威胁，也给全球经济带来重创，同时煤炭、石油、天然气等能源的不可再生问题也已日益凸显。中国改革开放40年，经济的高速发展令世人瞩目，然而高能耗、高排放的粗放式发展，势必带来环境的严重破坏与资源的极大浪费。因此，发展低碳经济、控制温室气体排放已成为我国乃至世界各国关注的焦点，只有低碳发展才能实现真正的可持续发展，采取有效措施减少温室气体的排放迫在眉睫。

1. 国外已建立起比较成熟的碳金融市场体系

1992年6月，联合国气候变化框架公约参加国在巴西里约热内卢共同达成了《联合国气候变化框架公约》（United Nations Framework Convention on Climate Change，UNFCCC），它的目的是为了应对全球变暖给人类带来的各种不利影响，要求各国政府必须承担“共同但有区别”的责任，共同减少二氧化碳等温室气体的排放，从而使大气中温室气体的浓度保持在一个稳定的水平，这是世界上第一个为减少温室气体排放、应对全球变暖而达成的国际公约。1997 年 12 月，《联合国气候变化框架公约的京都议定书》（以下简称《京都议定书》）在日本东京签订，这是对《联合国气候变化框架公约》的补充。《京都议定书》对人类现在面临的严峻形势做了说明，首次通过法规的形式强制性地规定了发达国家、发展中国家的减排义务、减排方式，而且人为创造出碳交易市场，对国际碳交易、碳金融的发展起到了极大的推动作用。《京都议定书》于 2015 年 2 月 16 日正式生效，在它的指导下，碳排放权交易已经成为各国完成减排任务的重要手段，碳排放权交易额迅速扩增，由此，在碳排放权交易基础上产生的碳金融活动与市场也快速发展起来。

目前，不同模式的碳金融市场已经在世界各地形成，影响比较大的市场包括欧洲能源交易所（European Energy Exchange，EEX）、洲际交易所（Intercontinental Exchange，ICE ECX）、北方电力交易所（Nord Pool）、芝加哥气候交易所（Chicago Climate Exchange，CCX）、蒙特利尔气候交易所（Montreal Climate Exchange，MCX）、澳大利亚碳排放交易体系（Australia Carbon Emissions Trading System，AU ETS）、美国区域温室气体减排行动（Regional Greenhouse Gas Initiative，RGGI）、加州碳排放交易体系（California Carbon Emissions Trading System，CAL ETS）、新西兰排放交易计划（New Zealand Emission Trading System，NZ ETS）等。在交易对象上，从最开始的欧盟碳排放配额（European Union Allowances，EUA）现货、核证减排量（Certified Emission Reductions，CERs）现货和 EUA、CERs 差价现货，发展到 CERs 远期、期货、期权，EUA 期货、期权，甚至与碳资产挂钩的结构性金融产品，如挂钩气候指数的结构性理财产品等。同时，相关利益机构为降低温室气体排放而进行大量的投融资活动，如商业银行为碳减排活动积极开发绿色信贷、清洁发展机制（Clean Development Mechanism，CDM）项目抵押贷款、企业技术改造贷款等金融产品，政府组织或其他机构设立的碳基金项目等，大量的碳金融活动与碳金融交易方式被开发。

可以说国外尤其是欧盟的碳金融市场机制已经相对比较成熟，形成了项目咨询、开发，配额与减排项目上市交易，项目开发机构、咨询机构、金融机构、能源企业参与的完整链条；形成了排放配额交易、减排项目交易，以及期货、期权、掉期、碳资产证券化等丰富的金融交易产品，极大地拓展与增强了碳金融市场的流动性。

2. 碳金融对促进全球碳市场的发展具有极其重要的意义

碳金融是碳交易体系应对气候变化，通过市场机制的方式降低碳排放、优化能源结构，促进低碳发展最有效的方式。碳金融对促进全球碳市场的发展具有极其重要的意义。首先，碳金融具有价格发现的功能。碳金融市场虽然发展不太成熟，但随着碳金融市场配额与减排项目的交易机制逐渐优化，碳期货与期权衍生品的不断创新与发展，碳交易的相关信息将得到及时、准确的反映，价格机制更加成熟与完善，有利于为碳市场的各类参与主体提供决策支持。其次，碳金融市场具有分散风险、套期保值的功能。由于碳交易市场发展时间短，机制还不成熟，价格波动剧烈，为市场参与主体带来了极大的风险，但碳金融市场相关产品，尤其是期货与期权衍生品的发展，对市场交易主体套期保值和分散风险提供了多样化的选择，有力地促进了碳交易市场的活跃与发展。最后，碳金融市场具有传递信息，降低交易成本的功能。碳金融相关产品的发展，将促进相关市场信息得到及时的传递，尤其是期货与期权等金融衍生品，其高流动性促进了碳交易更加标准化与透明化，发挥了极强的传递信息的功能，有效降低了市场交易成本。

3. 中国亟须建设全国性的碳交易与碳金融市场体系

作为发展中国家，中国过去不承担《京都议定书》规定的强制性减排任务，主要通过开发清洁发展机制项目参与国际市场的碳减排活动，在国际交易中处于劣势地位。虽然我国核证减排量的供应量非常丰富，但只能作为碳金融市场中的价格接受者，CERs 的价格远远低于国际价格；而且我国碳金融产品种类较少，中介机构参与度较低，尚未形成比较合理的定价机制。

2011 年，为全面创建碳交易市场，控制温室气体排放，改善环境状况，国家发展和改革委员会（以下简称“国家发展改革委”）决定，北京、天津、上海、重庆、湖北、广东和深圳 7 个省（市）作为首批碳排放权交易试点；2013 年 6 月，中国首个碳交易市场——深圳碳交易市场开始交易，随后其他试点市场陆续开市；2015 年的巴黎气候大会上，国家主席习近平宣布 2017 年中国开始实行全国碳交易市场；2017 年 12 月 19 日，国家发展改革委颁布了《全国碳排放权交易市场建设方案（发电行业）》，标志着中国碳排放交易市场体系正式启动。国家发展改革委秉着“成熟一个，纳入一个”的基本原则，以发电行业为切入点，逐渐拓展碳交易市场的开放性，扩大其覆盖范围。

对于中国碳交易试点市场而言，目前只有碳排放配额交易产品，期货及其他金融衍生品都没有开发，市场参与主体不能进行套期保值，也没有套利空间，市场处于低级状态。另外，商业银行整体参与度也不高，处于探索阶段。构建多层次的碳交易市场体系和多元化的碳金融服务体系，从而实现我国产业结构的低碳化与升级，促进可持续发展，是当前我国低碳经济发展过程中亟须解决的问题。

4. 碳交易与碳金融的价格机制是促进碳市场有效运行的基础

碳排放权作为新的事物，其定价机制与传统产品差异很大，传统产品的初始价格主要取决于产品的边际成本与市场对供求的预期，而碳排放权的价格则取决于配额的供给情况、分配方式以及市场整体的碳排放总量情况和对配额的需求情况。碳交易与碳金融市场的价格机制包括定价机制与价格运行机制。价格机制作为复杂的碳金融市场体系重要的组成部分，是其有效运行的基础。碳排放权的价格可以全面、及时、准确地反映市场的交易信息，如供给情况、需求情况等。价格信号将引导资金合理流动，促进减排目标的实现，例如，交易价格太高，对参与减排企业主体的负面作用太大，不利于减排；价格太低，对减排企业缺乏约束作用。

碳市场的价格运行机制主要包括碳交易与金融市场上各类碳交易产品的价格运行机制。碳排放权初始价格形成之后，由于受到经济增长、能源因素、金融市场等因素的影响，在交易市场中呈现持续波动的状态，更加深刻地认识其运行规律，有利于碳交易市场的平稳发展。同时，碳金融原生品的交易为衍生品发展提供了前提，以碳现货为基础发展来的碳远期、期货、期权、掉期等衍生品，交易量也越来越大，为碳市场的发展注入了活力。同时，碳金融衍生品的“价格发现”和“套期保值”的功能，不仅有利于增强碳金融市场上企业的竞争，减少垄断，形成公平、合理、统一的价格，而且对原生品市场的完善也有极大的促进作用。

基于国外碳金融市场的发展现状，中国亟须建设全国统一的碳金融市场，积极发展各类碳金融产品及衍生品；碳金融市场对促进碳市场发展具有极其重要的现实意义，碳交易与碳金融的价格机制是碳交易市场有效运行和健康发展的基础保障。所以，本书将全面、系统地研究碳金融市场的定价机制与价格运行机制。一方面，通过前瞻性的研究，为中国政府决策以及企业、金融机构提供参考信息，促进中国碳金融市场的建设与发展。另一方面，碳金融作为一种新的金融产品，与传统金融产品相比，我们对它的认识还比较浅显，本书通过系统的研究，探索适合分析碳金融市场定价机制与价格运行机制的理论、方法，运行多种计量模型，实证分析碳金融市场的定价机制与价格运行机制，丰富碳金融市场价格理论研究。

1.1.2 研究意义

碳金融市场作为一个新兴的市场，是全球对气候变化与温室气体排放高度重视的成果，尤其是促进碳减排的交易机制直接催生了碳金融市场的发展。但是作为一个新兴市场，特殊的排放权产品以及全球各地市场的不成熟、不统一，碳金融市场相关产品的价格呈现出极大的特殊与不稳定性。

首先，作为碳排放权产品，由于产品本身的特殊性，以及产品价格影响因素的复杂性，发展过程中没有现成经验可以参考。从理论上来讲，碳排放权的价格应该等于企业的边际减排成本，但由于不同行业、不同企业的碳排放成本不一致，以及碳排放导致的环境负面影响成本计量的复杂性，使得碳排放导致的环境影响成本难以计算。目前，碳金融市场的价格主要是基于减排目标、配额供给情况以及市场总的需求情况，碳交易市场上还没有一个成熟的定价机制与相关产品的价格运行机制。

其次，碳金融市场起步晚，市场上相关产品的交易时间短，且市场不稳定，价格波动剧烈，可供有效分析的样本数据时间周期更短。虽然学者们对碳金融相关产品的定价机制与价格运行机制做了大量的研究，并取得了创新成果，但由于交易周期较短，数据资源缺乏，交易产品的价格波动幅度大，相关市场处于割裂状态，相关产品价格运行机制影响因素复杂，碳金融产品的定价与价格运行机制的实证分析相对来讲显得不足。

最后，即使对欧美国家来讲，虽然拥有相对较为完善的碳交易市场体系，但由于发展不成熟，相关产品价格仍然存在剧烈的波动，市场震荡频繁而且剧烈。中国作为一个发展中国家，碳交易市场建设刚刚起步，碳金融市场发展更为滞后，正在逐步建立大量金融机构参与、包含丰富金融产品的碳市场。因此，对碳金融市场产品定价机制与价格运行机制的研究，对认识碳市场价格规律，构建较为稳定的碳市场，发展中国低碳经济模式显得尤为重要。

因此，本书从理论方面，系统地研究了碳排放配额的价格形成机制，碳现货、碳期货的价格运行机制以及碳期权的定价机制，进一步丰富碳金融市场的定价机制与价格运行机制的理论研究。从实践方面，通过对国外与中国碳金融市场的碳排放配额及金融衍生品的价格形成与价格运行机制进行实证研究，有助于我们进一步认识碳金融产品的价格规律，为中国碳金融市场的建设与发展提供决策参考。

1.2 国内外研究现状

1.2.1 国外研究现状

欧盟排放交易体系（European Union Emission Trading Scheme，EU ETS）建立后，源源不断的碳交易产生了连续的碳价，为碳金融产品价格的研究提供了大数据支撑。由于国外的碳交易市场、碳金融市场起步早，各项机制也比较完善，国外学者在碳金融市场产品价格机制方面做了大量的研究，包括碳现货价格的波动与影响因素、碳期货价格运行规律、碳期货与现货的价格关系及其价格发现功能、碳期权的定价机制等领域。

1. 碳现货价格研究现状

碳交易作为新的事物，且一直处于探索发展过程中，碳现货价格波动比较频繁，政府也在不断地优化政策措施，确定合理的价格水平，缓解碳价格的剧烈波动。因此，学者对碳现货交易价格的波动及其影响因素进行了大量研究，以进一步深入地了解碳现货价格的运行规律。

邦恩和费齐（Bunn & Fezzi，2007）通过构建向量自回归（vector autoregression，VAR）模型进行协整检验，分析了欧盟排放交易体系下英国市场上能源现货（包括电、天然气）与碳现货价格之间的相互关系。保莱拉与塔斯基尼（Paolella & Taschini，2006）重点研究了欧盟排放交易体系中碳现货价格收益率情况，先采用了跳跃—扩散模型和广义自回归条件异方差（generalized autoregressive conditional heteroskedasticity，GARCH）模型，发现其具有尖峰厚尾的特征；后又通过计量分析，发现帕累托分布能较好地描述无条件厚尾现象，GARCH 模型能近似模拟动态的条件尾部特征。本茨和特鲁克（Benz & Truck，2009）通过使用马尔科夫转换模型（Markov switching model）和 AR-GARCH 模型随机建模，分析了天然气价格、石油价格、天气变化等因素对 EUA 现货价格的影响，结果显示：天然气、石油价格波动与 EUA 价格波动成正相关，极端天气容易影响碳交易市场上 EUA 现货的需求量。曼萨内特－巴塔勒等（Mansanet-Bataller et al.，2007）采用多元分析法，对能源价格（包括天然气、布伦特原油和电力）、天气等与碳价的关系进行了实证分析，结果显示，能源价格和极端天气对碳价影响显著。舍瓦利埃（Chevallier，2011）采用马可夫链法研究了宏观经济与能源市场间的相互作用，后用 VAR 模型研究发现，宏观经济波动会影响碳价，经济下行降低了碳交易市场的活跃度。苏萨等（Sousa et al.，2014）通过小波分析法对煤价、碳价、电价之间的相互作用关系进行了研究，结果显示：煤价是碳价波动的诱因，碳价是电价波动的诱因，碳价波动与经济发展成正相关。库普和托尔（Koop & Tole，2013）通过动态平均值模型（dynamic model average，DMA）统计法，发现了欧盟排放交易体系市场大幅动荡的有力证据，并预测了现货和期货在 EU ETS 碳市场中的价格。阿尔贝罗拉等（Alberola et al.，2008）根据碳价的变动情况划分了几个价格区间，运用结构变化理论，验证了曼萨内特－巴塔勒等（2007）的结论：能源价格对碳价影响显著。阿尔贝罗拉等（2008）对欧盟排放交易体系下 2005～2007 年的 EUA 交易进行分析，结果显示：能源价格、天气情况、碳排放权配额的发放量、银行对碳交易的管制程度都会对试验期内的 EUA 价格产生影响，而且天气情况和管制因素扰乱了 EU ETS 下碳交易市场的价格发现功能。阿尔贝罗拉等（2008）通过分析欧盟排放交易体系下 2005 ~ 2007 年工业生产部门的生产指标和二氧化碳排放合规位置，认为试验期内 EUA 价格受 EU ETS 下冶炼、造纸、钢铁三大生产部门的工业生产活动影响。奥伯姆道夫（Obemdorfer，2009）分析了 EUA 价格与电力企业股价的相互作用，认为 EUA 价格变动对电力企业股价影响显著，股价收益率与碳价积极相关但不对称，碳价受股价的影响反而不大。纳齐菲（Nazifi，2013）运用时变参数分析法，通过检测 EUAs 和 CERs 之间结构关系的变化，确认了两者价格波动不一致的影响因素是基于项目的碳交易市场与基于配额的碳交易市场上的规则不同。达斯卡拉基斯等（Daskalakis et al.，2008）研究发现，由于政策的不确定性提高了投资者的持有风险，第二期 EUAs 现货价格会随之增加，这是风险溢价的体现。亨特曼（Hintermann，2010）、开普勒和曼萨内特 - 巴塔勒（Keppler & Mansanet-Bataller，2010）通过对数据分析，发现气候变化是第一期碳价格的主要影响因素之一。曼萨内特·巴塔勒等（2011）分析了次贷危机对碳价格的影响程度，结果显示次贷危机对第二期 EUA 价格的影响并不显著，反而是 EUA 与 CER 价差的重要影响因素。弗伦扎和拉苏迪埃（Frunza & Lassoudière，2010）运用主成分分析法对 EUA 价格的影响因素进行了实证分析，煤炭价格、石油价格、天然气价格及股票指数等都对碳价的波动产生不同程度的影响。阿托拉等（Aatola et al.，2013）认为碳金融产品价格与电力价格之间具有正相关性。克雷蒂等（Creti et al.，2012）认为由于碳减排技术在短期之内无法实现突破，现阶段最主要的减排方式只是能源转换，因此碳价波动将主要受能源价格的影响。开普勒等（2010）以长期减排成本理论和寻租理论为基础分析了欧盟碳市场第一期第一年的交易价格和第二期第一年的交易价格，发现不同时期呈现的因果关系链并不相同；在第一期，碳价格的波动受长期减排成本的引导；在第二期，电力价格驱动碳价变动，存在明显的短期寻租现象。于尔库等（Ülküet al.，2016）对 2008 ~ 2012 年的欧盟排放交易体系碳排放配额数据进行了详细分析，发现碳配额价格的趋势受全球经济走势影响较大。相关研究还包括纳齐菲（2013）、卡纳穆拉（Kanamura，2016）、席尔瓦等（Silva et al.，2016）、阿特萨拉基斯

（2016）、吉尔－阿拉娜等（Gil-Alana et al.，2016）、易卜拉欣和卡拉伊佐格罗（Ibrahim & Kalaitzoglou，2016）、哈穆德等（Hammoudeh et al.，2014）、苏萨等（2014）的研究。

2. 碳期货价格研究现状

期货具有价格发现、套期保值和规避风险等功能，为了有效促进碳交易市场的发展，在碳交易的早期，碳期货产品就随之被开发。学者们因此也对碳期货的价格运行规律、期货价格波动的影响因素，以及期货与现货的价格关系等方面做了大量的研究与探索。

在碳期货价格发现功能方面，学者们进行了大量研究。达斯卡拉基斯等（2006）建立跳跃—扩散模型分析了随机游走的碳排放现货价格序列，首次研究了 EUAs 现货与期货市场的关系，并用均衡价格模型比较了现货价格与 2008～2012 年的期货价格，但未研究 2005～2007 年有持有成本的现货和期货的关系；梅伦诺维奇和乔耶克斯（Milunovich & Joyeux，2007）建立持有成本模型，研究了欧盟碳期货市场的市场效率以及价格发现功能，结果显示现货和期货市场有效地共享信息，有利于价格发现，而且他们发现了现货和期货合约间存在双向波动性转移的证据。瓦格纳与乌赫里－霍姆堡（Wagner & Uhrig-Homburg，2009）分析了 EUAs 价格在第一、第二期大幅波动的原因，发现银行出台的政策对其影响较大，银行规定第一期结束的 EUAs 产品不得在第二期交易，这样造成了 EUAs 期货价格大幅波动，进而影响到现货价格。米卢诺维奇等（Milunovich et al.，2007）利用协整理论和 GARCH 模型对 EU ETS 下碳期货市场的有效性和价格发现功能进行了研究，发现碳期货价格与碳现货价格相互影响。瑞特勒（Rittler，2012）采用向量误差修正模型（vector error correction model，VEC）与基于城市生态系统复合承载力的广义自回归条件异方差（urban ecosystem complex carrying capacity-generalized autoregressive conditional heteroskedasticity，UECCC-GARCH）模型，分析了 EU ETS 市场第二期的 EUA 现货与期货合约价格之间的关系，发现现货与期货市场紧密联系，期货市场是价格发现的先行者，它将信息整合后再将信息转移到现货市场。乌赫里－霍姆堡与瓦格纳（Uhrig-Homburg & Wagner，2009）、泰森（Theissen，2009）分别对碳期货市场的价格发现功能进行了实证分析，发现当存在套利机会的时候，期货市场比现货市场反应更灵敏，能吸收更多的市场信息和信号。阿鲁里等（Arouri et al.，2012）通过平滑转换回归下指数自回归条件异方差（smooth transition regression-exponential GARCH，STR-EGARCH）模型与VAR模型对EU ETS第二期EUA现货、期货价格的关系进行了分析，发现二者的收益率呈现非对称性、非线性的特征，期货合约提高了预报未来现货价格的信息。

在碳期货价格波动及其影响因素方面，学者们也做了大量的研究。保利亚和塔希尼（Paolella & Taschini，2006）利用经济学原理分析碳现货、碳期货价格的影响因素，并针对二者的关系建立函数表达式，但模型结果失灵，究其原因是市场的复杂性和配额的特殊性所致。达斯卡拉基斯和马尔凯洛斯（Daskalakis & Markellos，2008）对跨越第一期和第二期的碳期货进行了分析，结果显示碳交易市场为弱势有效市场。达斯卡拉基斯等（2009）在几何布朗运动理论的基础上建立了适用于时期内和时期间的EUA期货定价模型。克雷蒂等（Creti et al.，2012）通过协整检验分析了EUA期货合约收盘价的影响因素，发现期货合约价格与经济环境、石油价格、能源转化价格存在协整关系。康拉德等（Conrad et al.，2012）研究了影响EUA期货价格波动的因素，基于FIAPGARCH模型（fractionally integrated asymmetric power GARCH model）的实证结果表明EUA期货价格波动随季节变化，EUA期货价格受当前经济状况和德美两国未来经济状况影响。科赫等（Koch et al.，2014）采用普通最小二乘法（ordinary least square，OLS）分析了基本面因素对EUA期货价格的影响程度，发现风能、太阳能的价格变动以及经济波动会引起EUA期货价格波动，对煤价变动的作用不显著。舍瓦利埃（2009）通过GARCH族模型分析了EUA期货价格与部分宏观经济因素的相关性，结果显示股票收益率、垃圾债券超额收益率下降对EUA期货价格影响不显著。达斯卡拉基斯（Daskalakis，2012）研究了EU ETS在2008~2011年的效率，结果显示期货价格具有价格发现功能，说明EU ETS逐步趋于成熟。舍瓦利埃（Chevallier，2011）通过建立非参数模型，对碳市场定价问题进行分析，结果显示，碳现货和碳期货的条件均值方程均具有很强的非线性特征，但是二者的条件波动方程的非对称性和异方差性却大相径庭；同时，通过对样本数据的分析、预测，发现非参数模型可以很好地拟合碳价波动特征，比线性自回归模型减少了15%的预测误差。格罗瓦尔德等（Gronwald et al.，2011）运用连接函数对EUA价格和大宗商品、宏观经济进行了比较分析，发现EUA期货价格和能源期货价格之间、EUA期货价格和能源现货价格之间存在很强的相关性，且宏观经济状况影响着EUA期货的收益率。其他相关研究还包括舍瓦利埃（2010）、布尔森与斯科尔滕斯（Boersen & Scholtens，2014）、卡纳穆拉（Kanamura，2016）、尹与赵（Byun & Cho，2013）、帕拉奥与帕多（Palao & Pardo，2010）的研究。

3. 碳期权价格研究现状

随着碳金融市场的迅猛发展，各种衍生产品层出不穷，期权、掉期等的交易量越来越大，衍生品在碳交易市场中的作用与日俱增，它们定价的准确性也备受关注。尤其是碳期权的定价机制与模型方面，学者做了不少探索性的研究，以发现适合碳期权市场运行的期权价格定价模型。保莱拉和塔希尼亚（Paolella & TaSchinia，2008）区分了控排企业的短期和长期减排政策，在信息不对称的情况下，模拟了两家企业排放权许可价格的多期内生动态过程，同时构建了内生排放权许可价格期权模型，验证了排放权许可市场头寸的重要性。布劳尼斯等（Brauneis et al.，2013）构建了实物期权模型，研究显示，在竞争市场中，设置碳期权价格波动下限更能激励电力企业投资低碳技术。舍瓦利埃等（2009）以EU ETS下碳交易市场为研究对象，具体分析了2006年欧洲委员会公布碳排放指标后，欧洲气候交易所（European Climate Exchange，ECX）碳期货、期权市场的发展动态。舍瓦利埃等（2011）研究了期权交易对碳排放权市场价格的影响情况，构建了GARCH模型分析EU ETS碳价的波动性和行为特征，并通过门限广义自回归条件异方差（threshold generalized autoregressive conditional heteroskedasticity，TGRACH）模型分析了宏观经济因素与碳价之间的关系，最后发现碳期权与EU ETS市场的波动没有显著关系。其他相关研究还有徐等（Xu et al.，2014）、维提娃等（Viteva et al.，2014）的研究。

1.2.2 国内研究现状

总体来说，中国碳交易市场虽然起步较晚，但中国政府一直积极参与国际碳减排活动，从早期的 CDM 项目，到碳交易试点运行，以及全国统一的碳交易市场建设。因此，国内的学者与政策制定者也一直在探索研究中国碳交易市场体系的建设、国外碳交易市场体系的建设与运行、国外碳交易与碳金融各类产品的定价机制与运行机制，以为中国积极建设碳交易与碳金融市场提供决策支持。

1. 碳交易市场体系的建设研究

由于碳交易市场体系建设滞后于美国、澳大利亚以及欧洲等发达国家和地区，中国政府一直在努力建立符合中国国情的碳排放交易市场，中国的学者们在这方面也做了大量的研究。

杜莉、韩丽娜（2010）研究指出，碳交易体系的框架应该分宏观、中观、微观三个层面：宏观层面包括产业政策、财政政策、货币政策等；中观层面包括金融体系的资本市场资源配置、信贷、保险等，微观层面包括碳排放权定价和交易体系的建立等。刘倩、王遥（2010）分析了欧盟碳金融市场体系建设与发展的经验，并对中国交易市场体系的建设提出了建设性的建议，如建立全方位的政策体系、发展多元化的服务体系、大力支持金融业的融入等。李卢霞、黄旭（2010）在分析了国外碳交易市场发展现状后，提出中国应尽快完善碳交易相关政策，确立区域导向性的碳交易战略，建立多层次碳交易市场，推动碳交易市场快速发展，用市场的力量来实现低碳减排目标。潘小军（2011）认为在中国碳交易市场机制设计过程中，应结合中国的特殊国情，完善碳资产产权制度，建立以城市补偿农村、工业补偿农业、东部补偿西部，以及高排放者补偿低排放者的政策激励导向，完善监督机制，提高碳交易市场的效率，使碳资源达到最优配置。王卉彤（2010）认为应该在低碳经济中实现金融创新，以提高中国综合国力，并对完善金融创新机制提出了两点建议：一是建立创新绩效考评体系，实行双阶梯激励等方式，从内部激活金融业；二是国家应在政策法规层面予以支持，重视相关人才的培养和引进。姚晓芳、陈菁（2011）总结了欧美等发达国家碳交易市场的成功经验，以及对中国碳交易市场的可借鉴之处，并为中国建立有效的碳交易市场提供了建议。曾刚、王志宏（2009）从市场结构、参与各方、交易工具等方面分析了国际碳金融市场的现状，提出其现存问题及解决方案，并对碳金融市场的前景进行了展望。刘长松（2010）针对中国碳排放定价权缺失问题进行了深入分析，认为单纯的建立碳排放权交易所并不能解决问题，必须要完善碳金融产业体系。刘英等（2010）站在经济学角度分析了碳金融及衍生品市场的体系框架，借鉴了国际碳金融市场的交易主体、产品种类、价格机制等，为发展中国碳金融及衍生品市场提供建议。吉宗玉（2011）实证分析了国外碳交易市场的运行特征，并从优势、劣势、挑战、机遇四个方面分析了中国CDM市场的现状和特征，最终从市场的有效组成、空间维度、时间维度和实际运作维度四个方面为中国碳交易市场的建设提供了建议。劳纯燕（2011）采用比较研究加实证研究的方法，重点研究了欧美碳金融市场的发展机制，并对中国碳金融市场的建设提供了建议。李敏（2013）通过对比分析、定性与定量分析，总结了国内外碳金融市场的经验，分析了中国碳金融市场的困境与不足，从总量控制和配额分配制度、定价机制等五个方面为构建中国碳金融市场交易体系提出了框架指导。荆克迪（2014）比较了中国与国际碳交易市场的共同与不同之处，根据EU ETS等运行的成功经验及中国的实际国情，提出中国在设计碳交易市场机制过程中应重点考虑总量确定机制、配额分配机制、市场交易机制、风险管控机制等十个关键环节。宋磊（2014）总结了欧美等发达国家碳交易市场的成功经验，从战略部署、前期准备、基本原则、监管法律制度等层面对中国碳交易市场法律制度的构建进行了详细研究。孙兆东（2015）总结了国内外碳金融交易的发展及风险管控情况，通过实证分析中国碳金融产品的价格特征，讨论碳金融交易市场的风险成因，并构建在险值（value-at-risk，VaR）与条件在险值（conditional value-at-risk，CVaR）风险度量模型度量风险，最后对中国碳金融交易市场的风险管控提出了对策建议。陆敏、苍玉权（2015）分析了中国北京、天津等7个试点省（市）碳交易市场的发展现状及存在的问题，提出了在构建全国碳排放配额交易市场体系时，应先地区试点后全面推进、先行业试点后强制减排、先政府引导后市场主导等建议。杜莉、张云（2015）将碳市场的生命周期分为幼稚期、成长期、成熟期、均衡稳定期四个阶段，政府应该针对不同阶段制定相应的引导方针，而中国当前仍处于幼稚期向成长期的过渡阶段，必须要完善碳市场的顶层设计。江淑敏、徐天祥（2009）认为中国碳交易市场的建立应该分三步走：第一步，完善相关的法律法规；第二步，建立碳现货交易市场；第三步，建立碳金融衍生产品交易市场，尤其要重视碳期货交易市场的设计，并对此提出了构建设想。

杜建国（2018）强调，全国碳交易市场必须重视阶段性、公平性和可操作性原则，其中公平性原则要着重完善碳配额分配机制，以及全国碳交易市场排放核算、报告、核查（moniloring，reporting，verification ，MRV）体系的建设；同时，政府还应继续通过完善碳交易市场的相关立法给予保障。王科和陈沫（2018）提出了实现“五协调”的政策建议：实现碳交易政策与其他节能减排政策的协调，实现减排政策目标与活跃市场交易的协调，实现减排责任分担与区域和行业发展水平的协调，实现经济周期波动与排放配额动态分配的协调，实现排放配额交易与核证自愿减排量交易的协调。刘惠萍和宋艳（2017）针对启动全国碳交易市场仍然面临的诸多问题，提出了相应的政策建议：完善政策规划与制度建设；市场参与主体应积极参与全国碳交易；大力推进低碳技术创新；积极借鉴国际碳交易市场发展经验等。胡东滨等（2017）建立了碳排放权交易市场仿真系统，模拟不同市场结构下碳交易市场各个主体的行为和每日交易过程，分析了不同产品市场及碳交易市场结构对碳交易市场运行效率的影响。杜子平等（2017）分析了“一带一路”建设为中国碳市场建设带来的机遇与挑战，从对内和对外双重角度，为助力中国碳市场建设提出了建议。对内方面，发挥政府主导作用，落实相关政策法规和区域碳市场合作；加强金融工具和产品创新，保障资金融通；借鉴欧盟碳市场信息披露制度，保证中国碳市场透明度。对外方面，深化国际金融合作，推动环保产业“走出去”；建设产业国际化平台，发挥政府引导及市场机制作用。郭白滢和周任远（2016）分析了中国碳交易市场价格的周期及其波动特征，发现中国各个碳交易试点在履约期内价格变化具有相似的季节性特征，并且机构和个人投资者的引入对于市场活跃度的提高具有显著作用；同时认为，在建立全国碳交易市场过程中，需要继续扩大碳交易市场的规模，实现碳金融产品的多元化。于洋（2016）总结了欧盟碳交易市场四个阶段的发展历程及其交易机制，并简述了中国碳排放交易试点的现状，提出改善配额机制、注重碳金融创新、健全监管制度、加强国际间合作等建议，为中国建立全国碳交易市场提供参考。王倩和路京京（2018）认为，在构建全国统一的碳市场时，应减少区域异质性，保证交易价格的充分竞争，制定合理的碳定价和调控机制，制定科学有效且适应中国国情的风险监测和预警机制。

2. 碳现货价格研究

中国学者也积极研究欧盟及美国等比较完善、成熟的碳金融市场的价格机制，分析其价格运行情况、波动机制，以为中国碳交易市场的建设提供参考依据。如中国学者对国外碳金融市场的现货价格运行情况、波动机制及影响因素做了大量的研究。

冯振华等（Feng et al.，2012）采用动态 VaR 风险度量模型，实证分析了 EU ETS 下碳现货交易市场、碳期货交易市场的风险，以及两个市场上价格的波动情况。魏一鸣等（2010）总结了国际碳市场排放配额分配机制和碳价格的外部影响因素，重点研究了 EU ETS 结构性变化、碳价波动性、收益率分布特征，基于极值理论模型、在险值模型和 GARCH 模型对碳市场风险进行度量，同时对碳市场的流动性风险相依性和风险集成进行研究，并分析了国际碳市场给中国带来的机遇和挑战，对中国应对气候变化提出了政策建议。

张跃军、魏一鸣（2010）通过构建状态空间模型、VAR 模型，分析了化石能源市场对碳市场的影响，结果显示三种化石能源（石油、天然气和煤）价格与碳价存在显著的协整关系，其中石油价格对碳价影响最大，天然气价格居中，但天然气对碳价影响的持续时间最久。金龙（2010）分析了 EUA 市场现状，采用均衡模型、广义矩估计方法描述了 EUA 现货价格的波动行为，采用持有成本法、二因子模型对 EUA 期货进行定价。卞慧莉（2013）选取经济学中常用的四种随机模型——几何布朗运动（geometric Brownian motion process，GBMP）、均值回复平方根过程（mean reverting square-root process，MRSRP）、对数均值回归过程（mean reverting logarithmic process，MRLP）和不变方差弹性（constant elasticity elasticity of variance，CEV）——分别拟合 EUA 现货价格的走势，结果显示 MRSRP 模型拟合效果最好。赵捧莲（2012）比较全面地分析了影响国际碳排放权价格的内外部因素，特别是分析了国际贸易隐含碳的规模对碳交易供需和价格的影响，并指出中国当前 CDM 项目的 CERs 价格和欧盟碳市场 EU ETS 的 EUAs 价格之间形成落差的多种原因。张云（2015）从形成、运行、监管三个机制层面，深入探讨了如何设立碳金融交易价格机制，同时构建计量模型，分析了市场基本面因素对碳价的影响。结果显示，经济活动对碳价影响显著，极端天气影响较弱，突发性事件可能会导致价格运行中止，能源价格的影响程度有待进一步验证。王双英等（2011）通过面板数据分析了石油价格与碳交易数量、石油价格与碳交易价格的关系，结果显示二者均为正相关关系。陈晓红和王陟昀（2012）研究了 EUA 价格的影响因素，分析发现配额供给影响最大，但随着交易制度的逐渐完善，影响逐渐减弱；能源（煤炭、原油、天然气）价格影响也比较显著，其中煤炭价格影响最大；而一些天气因素（风速、温度和降水）对其影响不显著。邹亚生和魏薇（2013）分析了 CER 现货价格的影响因素，通过构建 VEC 模型进行长短期因果检验，发现宏观经济指标、气候指标以及碳期货价格对 CER 现货价格影响显著。马艳艳等（2013）在计量经济学的基础上构建中国碳交易价格决定机制模型，并搜集数据实证检验，结果显示，中国 CDM 市场的价格与伦敦国际石油交易所的原油期货价格和欧洲气候交易所的 EUA 期货价格均呈显著的正相关关系，与联合国对中国 CER 签发率呈微弱的负相关关系。

陶春华（2015）检验了中国碳排放权价格与相关行业股票收益率之间的关系，发现二者存在显著负相关关系。郭文军（2015）以深圳排放权交易所公布的碳配额价格为研究对象，发现国内区域碳价受欧元汇率的影响最大，其次是国内的石油价格；国内经济和欧洲经济状况对国内区域碳价有正向影响，国际碳价与国内区域碳价之间的联系较弱。朱帮助等（2012）运用经验模态分解（empirical mode decomposition，EMD）对国际碳价序列进行了多尺度分析，发现国际碳价主要由其内在的长期趋势、重大事件影响和市场短期波动三方面构成。陈欣等（2016）采用静态面板模型与动态面板 VAR 模型进行线性回归分析，发现采购经理指数（purchasing managers' lndex，PMI）、煤炭价格对碳价有正向影响，石油价格、股市对碳价有负向影响，天气变化对碳价影响不显著；碳价波动的方差分解中 PMI 贡献最大，但对碳价影响通常要滞后 60 期才较为显著。李朝鹏等（2017）探讨了中国化石能源市场对深圳碳价的影响机理，发现碳价本身对碳价变化影响最大，但持续时间极短；煤炭价格对碳价存在显著负向、滞后性影响；油价对碳价变化影响最小，但呈长期正向冲击。王倩和路京京（2018）考察了短期利率市场对中国碳市场价格的影响及区域异质性。王倩和路京京（2018）研究发现人民币汇率对试点碳市场的冲击呈显著的区域差异：对天津碳价有显著负向冲击，对北京、上海和深圳有显著正向冲击，对湖北和广东的正向冲击较弱；对北京、上海碳价的冲击呈显著上尾相关性，对广东呈下尾相关性。杨宝臣等（2018）研究了碳市场中的拍卖、市场多元参与者和碳排放远期交易这三种政策在价格发现和维持价格稳定的过程中起到的作用。汪中华和胡垚（2018）分析了市场内在机制以及市场外部环境对碳排放权交易价格的影响程度，其中市场内在机制中的石油价格对碳排放权交易价格影响最大，市场外部环境中的各地区发展的季度 GDP 增长率、气温以及降水量均对碳排放权交易价格有着不同程度的影响。贾君君等（2017）提出双边修正虚拟变量的事件研究方法，以欧盟碳市场国家配额分配计划公告（National Allocation Plan，NAP）和核证排放量公告（Verified Emissions Announcement，VEA）事件为例，分析了重要公告的发布对碳价格的潜在影响。

3. 碳期货价格研究

在国外碳期货市场的价格运行机制方面，学者们也做了大量研究，如碳期货的价格运行特点、碳期货价格与现货的价格关系等方面。洪涓、陈静（2010）通过构建 VAR 模型，经实证分析发现 EUA、CER 的期货价格与各自的现货价格都存在协整关系，EUA 期货具有价格发现功能。盛春光（2013）构建了自回归积分滑动平均模型（autoregressive integrated moving average model，ARIMA）预测 CER 期货价格走势。结果显示，CER 期货市场的价格发现功能缺失，无法对其合理定价，但是短期内 EUA 和 CER 的期货市场都具有价格发现功能，可以为 CER 期货市场定价。郇志坚和陈锐（2011）采用 VEC 模型和公共因子模型分析了 EUA 期货与 CER 期货的关系，结果显示，期货市场上 EUA 和 CER 价格存在长期均衡的协整关系，均有价格发现功能。赵静雯（2012）基于协整理论及 Granger 因果检验分析了 EUA 期货价格与能源（煤、电、天然气以及石油）价格的相关性，发现 EUA 期货价格影响煤炭期货价格，与电价相互影响，与天然气价格有显著的因果关系，与石油价格关系不显著。高杨、李健（2014）构建了基于经验模态分解—粒子群算法—支持向量机的误差校正模型（empirical mode decomposition-particle swarm optimization-support vector machine，EMD-PSO-SVM），选取了大量的 CER 期货和 EUA 期货日交易结算价格并进行仿真验证，为国际碳金融市场价格预测提供了新方法。朱帮助（2014）以 EUA 期货价格为研究对象，通过协整检验、岭回归分析与结构性断点检验等方法，分析了碳市场价格的影响因素，发现全球大规模的经济危机造成碳市场价格结构性变化，能源价格、工业生产、气温条件等因素与碳期货价格存在协整关系。黄飞鸿（2011）总结了 EU ETS 和中国碳排放贸易产业发展情况，基于期货、期权定价理论研究，发现 GARCH 族模型可以很好地描述碳期货产品的波动率，风险中性定价对于碳金融衍生产品市场定价效率很高。许帅（2013）通过构建线性回归模型，验证了能源（电力、煤炭、天然气）价格、市场指数与 EUA 期货价格的关系。结果显示，电力价格、市场指数与 EUA 期货价格呈正相关，天然气价格与之呈负相关，而煤炭价格对其影响不显著。黄明皓等（2010）通过 Granger 因果检验，发现 CER 期货具有价格发现功能，短期效果明显，但长期效果逐渐减弱；构建结构向量自回归模型（structure vector autoregression，SVAR），发现 CER、EUA 期货与现货价格关系密切、相互影响。张跃军、魏一鸣（2011）实证分析了欧盟碳期货市场的价格运行特征，结果显示，碳期货的价格、收益率以及市场波动等指标都呈现均值回归特征。郭福春、潘锡泉（2011）通过 Bai-perron 结构突变检验，发现 ERUs（emission reduction units）和 CERs 的碳期货价格在第二期均呈非线性特征，发生了显著的结构突变，主要原因是核准信息泄漏等外部市场信息及经济危机的冲击；同时，基于资本资产定价视角的单因素模型，分析了 EUAs 碳期货合约和 CERs 碳期货合约的市场风险情况。戚婷婷和鲁讳（2009）通过构建 VEC 和公共因子（common factor，CF）模型分析了 CERs 现货和期货市场，发现其价格关系密切，长期存在稳定的均衡状态，且期货市场的价格发现功能已经凸显。

王丹与程玲（2016）运用单位根检验的方法，验证现货与期货价格的序列平稳性，并在序列平稳的前提下基于协整理论研究现货价格与期货价格的长期均衡关系，反映了二者间的静态关系。邹绍辉和张甜（2018）解析了国际碳期货价格和国内碳价的相互影响程度，二者存在长期的稳定关系，呈现出明显的单向因果关系；国内碳市场缺乏定价能力，因此其对国际碳期货市场影响较弱，处于被动地位。易兰等（2017）通过对 EU ETS 二期和三期的数据挖掘，得出 CER 价格、原油价格、煤炭价格、天然气价格、欧洲工业指数、联合国气候变化大会、政府政策、极寒天气、暖冬天气、自然灾害、重大事件等变量对 EUA 期货价格的影响程度并进行排序。冯建芬等（2018）实证检验了碳交易市场的有效性和跳跃特征，发现 CER 交易市场存在长记忆性，并非有效市场；且现货和期货价格均存在明显的跳跃特征。其他还有刘等（Liu et al.，2017）、曹与徐（Cao & Xu，2016）、朱等（Zhu et al.，2014）的研究。

4. 碳期权价格研究

中国的学者在碳期权的定价机制方面，也进行了深入的探索与探究。赵平飞（2011）运用偏度（skewness）、峰度（kurtosis）、JB 正态分布检验（jarque-bera）等检验方法对碳金融期权资产的价格走势进行了检验，根据检验结果构建了碳期权定价模型，较为准确地预测了碳期权价格走势。张宗友（2007）通过双变量的蒙特卡罗模拟方法测定了期权定价模型重要参数——波动率，把实物期权的价值表示为随机变量的函数，实证研究发现，二氧化碳减排投资项目具有显著的期权价值。王锐（2010）通过自回归条件异方差模型（autoregressive conditional heteroskedasticity model，ARCH），计算了欧盟配额市场碳期权的历史波动率，并运用布莱克－斯科尔斯期权定价模型（Black-Scholes option pricing model，以下简称 B-S 期权定价模型）计算了碳期权的定价。王增武和袁增霆（2009）分析了碳期货与碳期权的关系，发现信用期货合约价格对碳期权价格和期权合约中交割价格影响显著。韦伟和潘泽瀚（2014）运用 GARCH 模型估计并预测碳期权标的期货的收益波动率，并将结果代入 B-S 期权定价公式，以期提高该公式的精确度；采用样本滚动法和非样本滚动法，分别对 EUA 期货产品 MOH4 及其系列衍生期权产品进行了实证研究。吕晓玥等（2014）基于 B-S期权定价模型构建了碳排放期权定价模型，对欧盟碳交易市场的期权进行定价，根据江苏与欧盟经济发展的相似性，对江苏发展 CDM 提出了新思路和建议。徐静等（2015）运用 GARCH 模型对 EUA 的波动率进行估计，又通过 B-S 期权定价模型给出了期权的理论价格。张晨等（2015）构建了基于 GARCH-分形布朗运动模型的碳期权定价方法，通过蒙特卡罗模拟碳期权定价，与 B-S 期权定价效果相比，前者定价方法更有效。刘维泉（2013）利用欧洲气候交易所的 EUA 期权数据估计了 B-S 期权定价模型、Heston 随机波动模型和跳跃扩散模型的参数，对三种模型下拟合 EUA 期权价格、隐含波动率的结果进行了比较，发现 Heston 模型更好的描述了 EUA 期权的数据特征。张燕玲（2011）利用了实物期权的思想和方法，在不确定市场条件下，对碳排放权进行了定价研究。朱跃钊（2013）等通过分析 B-S 定价模型在欧盟碳排放权配额定价中的应用，认为这一模式为中国碳期权定价提供了良好的借鉴。何梦舒（2011）、冯路和王天庆（2014）观点一致，都认为可以将期权引入碳排放权的初始分配中，企业可以无偿分配一定比例的碳排放权配额以及有偿获得碳期权，并使用B-S期权定价模型对碳期权的初始分配定价进行了实证研究。

总的来说，国内学者与国外学者对碳金融市场的价格机制进行了大量的研究。但碳金融的定价与价格运行机制依然存在很多困难，需要学者不断地进行深入的研究。（1）碳定价机制不完善，价格分散且不同步，波动幅度也较大。由于全球的碳交易市场处于分散状态中，且各个交易体系相对分割，各个交易体系在碳排放总量控制目标、配额分配方式、项目监控和审计上存在差异，各个市场上的碳金融衍生品发展也不完善、不一致，导致各个区域的碳交易市场按照自己的价格水平独立运行。即使是发展相对最为成熟的欧盟排放交易体系，其市场的交易价格也存在剧烈的波动，缺乏周期性与规律性，依然处于不断成熟与完善的阶段，有效的定价机制与价格运行机制还未形成。（2）碳排放权的价格形成与运行机制方面缺乏足够的数据支持。由于碳交易市场发展时间不长，历史交易数据时间较短，再加上突发性的政策导致的交易价格断点，进一步缩短了有效分析数据的时间长度。例如，欧盟在第一期排放配额供给严重过剩、跨期储备机制等政策因素，导致配额交易价格大幅波动，交易数据的可靠性较差。（3）碳金融市场作为一个新兴市场，交易的市场比较多，分布于美国、澳大利亚、欧洲等国家和地区，各个市场都处于分割状态，市场之间的制度设计、交易设计、产品设计也有很大差异；同时，市场交易的产品种类很多，如基于项目交易的各类金融产品、基于配额交易的各类金融产品；同时由于碳交易市场作为一个新事物，政府也是在摸索实践中推进，配额分配方式、交易机制、产品创新方式仍不成熟、不完善，碳价格依然呈现大幅波动，缺乏稳定性。（4）虽然众多学者对碳金融市场的价格机制进行了大量的创新研究，但是碳金融市场发展的客观现状导致学者对其价格机制研究一般局限于某一个市场、某一类金融产品或某一段交易时期的某一产品，研究结果具有很大的局限性，缺乏可靠性。因此，本书将系统地研究国际碳配额交易市场的价格形成机制与碳金融产品的价格运行机制，以尽可能地对碳配额交易市场相关产品价格机制进行全面、丰富的研究。

1.3 主要研究内容

1. 碳排放配额分配机制

站在经济理论的角度，碳配额的价格应等于减排的边际成本，但由于行业的差异、计算的复杂性，实际上碳排放的边际减排成本是很难准确计算的，碳配额的价格主要是由受减排控制目标影响的配额分配额度、分配方式，以及市场需求等因素所决定。市场需求属于外在的客观需求，可以说碳排放配额的价格主要取决于政府配额的供给目标与分配方式。因此，本书将详细地从市场供给侧方面，比较分析影响碳配额价格的配额分配方式、世界主要碳交易市场体系的配额分配方式、中国试点省市的排放配额分配方式，为中国建立全国统一的碳交易市场的配额分配方式选择提供决策参考。

2. 碳配额交易现货价格波动与影响机制

碳配额现货交易市场的运行价格机制是促进碳交易市场有效进行的前提与基础，本书将系统研究欧洲有代表性的碳交易市场与中国碳交易试点省市配额交易价格的波动与影响机制，以使我们通过广泛的样本选择，更加全面地认识碳交易市场配额现货价格波动的影响机制。

3. 碳期货的价格发现功能与碳期权定价机制

碳期货具有价格发现功能，有助于市场投资者套期保值、规避风险，是碳配额现货市场供求方决策的重要依据；碳期权有助于市场投资者套期保值、降低风险，增加收益，对活跃碳交易市场具有重要的作用。因此，本书将以具有代表性的交易所的数据为样本，研究碳配额交易市场碳期货与现货的价格关系、碳期货的价格发现功能、碳期权的定价机制，以使我们更加深入地认识碳期货与期权价格运行机制，更加有效地发展或参与碳金融市场。

1.4 研究方法与技术路线

1.4.1 研究方法

1. 文献比较分析法

本书系统研究了国内外学者在碳排放配额分配方式上所做的工作，在此基础上比较分析了国际碳排放配额分配方式及优缺点，分析了中国碳排放配额的分配方式，并探求了影响碳排放配额交易价格形成的直接因素。

2. 实证分析法

本书选择欧盟碳排放交易体系中具有代表性的欧洲环境交易所（BlueNext）、EEX 交易所、ICE ECX 交易所为代表，选取具有代表性的配额交易市场的碳现货、期货、期权产品价格数据为样本，采用面板数据计量模型、VAR 模型、GARCH 模型与 B-S 期权定价模型等定量分析方法，实证分析国外与中国碳配额交易价格运行的影响因素、碳期货与现货价格的关系以及碳期货的价格发现功能、碳期权的定价机制，以使我们更加全面地认识碳金融市场的价格运行机制。

1.4.2 技术路线

本书研究的技术路线如图 1－1 所示。首先，由文献综述与理论分析入手，分析国内外研究现状、碳交易的经济学原理，以及碳交易、碳金融等概念。其次，通过文献比较分析法，系统地研究国内外碳排放配额的分配方式。再其次，在本书的主体部分，通过各类计量经济模型实证检验配额交易市场碳现货、碳期货的价格运行机制和碳期权的定价机制。最后，得出本书的研究结论。

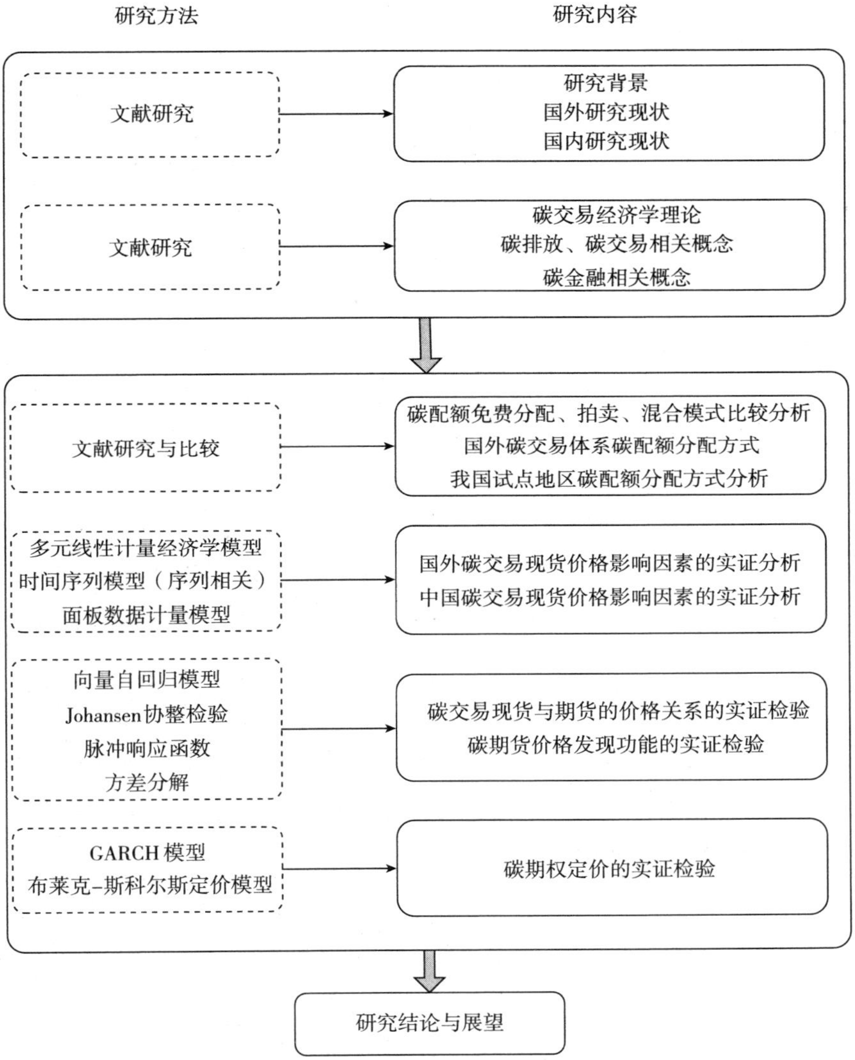

图1-1　本书的研究技术路线

1.5 创新点

第一，本书系统地分析了碳金融市场的价格机制，包括碳排放配额分配机制、碳配额现货交易市场的价格运行机制、碳期货市场上碳期货与现货价格关系、碳期货的价格发现功能以及碳期权的定价机制。由于数据缺乏与价格波动比较剧烈，在研究样本的选择上，尽可能实现全面与系统，以更加全面、客观地认识碳金融市场的价格机制。

第二，采用时间序列模型与面板数据模型，以欧盟碳排放交易体系下相关交易所的 EUA 现货价格与中国碳交易试点省份的配额交易价格为分析样本，全面、系统地分析了碳现货价格的运行机制。

第三，采用 VAR 模型，以欧盟碳排放交易体系第二期、第三期 EEX 交易所的 EUA 现货收盘价，ICE ECX 交易所的 EUA 期货结算价为研究样本，系统、全面地分析了 EUA 现货价格与期货价格的关系，以及碳期货的价格发现功能。

第四，采用 GARCH 模型与 B-S 模型相结合的期权定价方法，以 ICE ECX 交易所的看涨期权合约与看跌期权合约为样本，探索了碳期权的定价机制，并发现该模型预测的碳期权合约理论价值与期权实际交易收盘价格存在一定的差异，并非理想模型。

第2章

碳金融相关理论

2.1 碳交易的经济学原理

2.1.1 稀缺性理论

美国心理学家亚伯拉罕·马斯洛（Abraham Harold Maslow）于1943年发表了《人类激励理论》（*A Theory of Human Motivation*）一文，该文将人类的需求从低到高进行金字塔式的排列，分为生理、安全、社会、尊重和自我实现五个需求层次，这就是著名的马斯洛需求层次理论，后期他又在金字塔顶端加了第六种需求——自我超越需求。从人类产生迄今，人类的需求在不断地提升，人类在不断地追求更好的衣食住行条件，追求更高的精神享受，正是人类这种永不满足的需求，才推动了社会的进步、历史的发展。当然，不管追求何种层次的需求，人们都需要以资源作为物质基础，而由于受到时间、空间的限制，人们对所需资源的索取就会受到限制，相对来说，资源就不是无限的了，而是有限的、稀缺的。概括地说，正是相对有限的资源和人们永不满足的需求才使资源具有了稀缺性。

现代经济学之父亚当·斯密（Adam Smith，1776）认为资源的稀缺性会通过资源价格的变动反映在市场上，从而传递给资源需求者和供给者。在工业革命之前，人们主要依靠农耕和手工作坊制造产品，社会发展缓慢，生产、生活废弃物较少，环境依靠自我净化能力就能够将污染物化解为无害物；但工业革命之后经济飞速发展，生产、生活废弃物在短期内剧增，而环境在短期内的自我净化能力有限，即环境容量有限，过量的温室气体、污染物等导致了各种各样极端天气的出现，对人们的身心健康和日常生活造成了严重影响，甚至破坏着人类的生存家园。一系列的环境问题让人们不得不开始思考：如何能够有效解决环境容量与经济发展这对矛盾，如何能够在满足人们各种需求的同时也满足地球母亲的需求？碳排放权交易就是基于这样的大背景产生的，由于环境容量的相对有限性，《京都议定书》对碳排放量就进行了人为限制，碳排放权因此成为稀缺资源，并且作为一种商品，在碳交易市场上有了需求与供给，碳交易市场的各种活动据此展开。

2.1.2 外部性理论

亚当·斯密（1776）认为市场是一只“看不见的手”——价格引导着市场中的需求者和供给者，并促使供求均衡，最终实现社会资源的最优配置，社会总利益也达到最大化。但是市场失灵依然会发生，这就是因为外部性的存在。外部性的概念由马歇尔和庇古（Marshall & Pigou）在 20 世纪初提出：当一个人的行为影响了旁观者的福利，却没有对旁观者进行赔偿或者得到旁观者的补偿，我们就说产生了外部性。如果对旁观者的影响是有益的，就称之为正外部性，如研发新技术、修复历史性建筑物、免疫注射；如果对旁观者的影响是不利的，就称之为负外部性，如抽烟、工厂排放温室气体。当存在外部性时，旁观者福利的变动也会反映在市场中，而买卖双方却忽视了他们的行为给旁观者带来的外部效应，从而导致市场均衡时整个社会的总利益并没有实现最大化。

举个简单的例子。一个生产钢材的工厂，每生产一吨钢材就会有一定量的污染气体排放到大气中。由于这些污染气体可能会导致温室效应加重，也可能会损害人体健康，因此它们产生了负外部性，从而导致生产钢材的社会成本大于钢材生产者的成本。这里，每生产一单位钢材的社会成本等于钢材生产者的私人成本加上受到污染不利影响的旁观者的成本。图 2－1 清楚展现了社会成本与私人成本的关系。

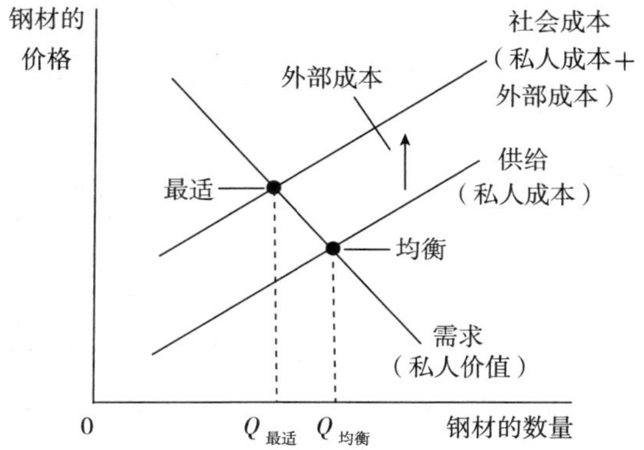

图 2－1　外部性与社会最适

由于负外部性的存在，如环境污染时，钢材的社会成本大于私人成本，因此，最适数量 $Q_{最适}$ 小于均衡数量 $Q_{均衡}$，而出现这种无效率就是因为市场均衡仅反映了生产者的私人成本，忽视了外部性的作用。那么如何才能让 $Q_{最适}$ 等于 $Q_{均衡}$，实现社会资源的最优配置?

1912 年，英国福利经济学家庇古提出了一种解决外部性问题的方法——庇古税（Pigou tax），他认为正是由于私人成本与社会成本的不一致，才导致了市场资源配置无法达到帕累托最优状态，社会总利益也无法实现最大化。因此，政府应该通过征税或者补贴来调整私人成本，通过外部性问题内在化处理，使私人成本与社会成本一致，实现社会资源最优配置。但是芝加哥大学经济学教授、产权理论的奠基人科斯（Coase）对庇古的观点提出了质疑。1960 年，科斯在其《社会成本问题》（*The Problem of Social Cost*）一文中证明，如果初始产权归属明确，同时交易费用极小或者为零，无论最初怎么分配产权，私人之间总能通过协商达成协议，使经济活动的边际私人净产值等于边际社会净产值，从根源上解决外部性问题，实现帕累托最优状态的资源配置。

庇古与科斯观点的不同之处在于政府干预程度的大小不同以及干预手段不同。庇古认为，市场难以通过自我调控机制实现资源的最优配置，为了解决外部性问题，政府干预是必须的，也是最有效的。而科斯认为，只要产权明晰，私人之间总能达成协议使市场交易有效率，政府应减少对市场的干预。

碳排放权交易的思想源头就是科斯的产权理论。环境作为一种公共物品，温室气体污染环境就具有明显的负外部性，根据科斯的观点，只要把碳排放权进行归属分配，做到碳排放权明晰，就可以通过碳排放权交易的方式来解决温室气体过量排放对人类造成的负外部性的影响。碳交易市场与普通的商品市场不同，它是由人为规定形成的，政策制定者对各国或企业的碳排放量进行初始额度分配，这样就直接决定了碳排放权的稀缺程度，故而碳交易市场中碳排放权的供给量、需求量，以及市场的活跃程度都将极大地受到政策制定者的影响。

2.1.3 排污权交易理论

针对如何解决外部性这一问题，庇古在 1912 年提出了“庇古税”，后又遭到科斯的质疑，科斯认为通过产权界定、市场交易可以解决这一问题，从而使资源配置达到帕累托最优状态。20 世纪 70 年代，美国经济学家戴尔斯（Dales，1968）在科斯定理的基础上提出了排污权交易理论，将科斯定理实际应用于解决水污染问题上，为该领域后期的进一步研究奠定了理论基础。蒙哥马利（Montgomery）在 1972 年证明，当条件成熟时，排污权交易市场可以实现均衡，而且在均衡点上整个区域也同时实现了联合成本最小化。蒙哥马利经过理论论证，认为在治理污染的效果方面，采用基于市场的排污权交易方案，治理者可根据治理成本灵活调整污染治理量，使整个区域的协调成本最小化，传统的污染治理政策显然达不到这个效果。

排污权交易理论以总量限定和配额分配为基本原则，排污权交易理论的实施需要分几个步骤：第一，政策制定者根据区域环境情况与控制目标评估环境容量；第二，根据区域环境容量与控制目标计算污染物的排放额度，并将排放额度制定为排污权；第三，政策制定者选择合适的排污权分配方式并分配区域内排污企业，同时建立区域排污权交易市场体系，保障排污权合法、有序交易。

排污权交易之所以在治理污染时效果显著，是因为在排污权交易法下，管理者赋予了排污权价值，排污企业在治理污染时，可以根据自己的实际情况，将多余的排污权拿到排污权市场上出售获利，或者从市场上购买比自己治理污染成本更低的排污权，排污企业治理污染的成本得到了弥补。图 2－2 分析了排污权的交易原理。

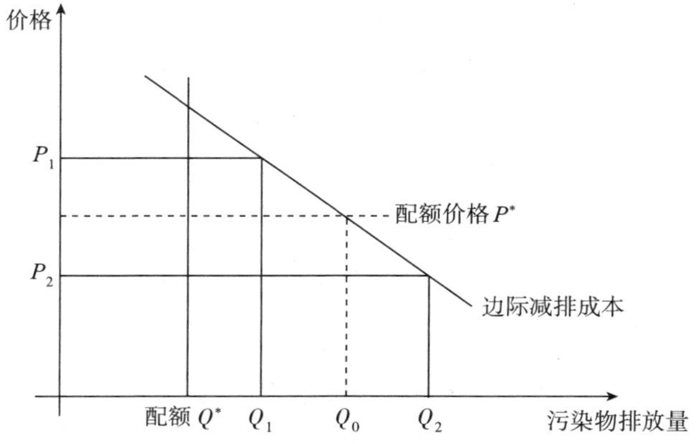

图 2－2　排污权交易原理

图 2－2 中，向右下方倾斜的直线代表排污企业的边际减排成本，当企业的污染物排放量为 Q_1 时，其减排成本为 P_1，高于市场上的排污权配额价格 P^*，企业会选择从市场上购买排污权，购买量为（Q_1-Q^*）；当企业的污染物排放量为 Q_2 时，其减排成本为 P_2，低于市场上的排污权配额价格 P^*，此时，企业可以先自行减排；当污染物排放量从 Q_2 降至 Q_0 时，减排成本与排污权配额价格相等，继续减排，成本将高于配额价格，此时企业可以选择从市场上购买排污权，购买量为（Q_0-Q^*）。这样不仅完成了减排目标，还实现了减排成本的最小化。

排污权交易制度最关键也是最难把握的环节就是排污权的初始分配，分配方式有三种：免费分配、出售分配与混合分配使用。免费分配方式违背了污染者付费原则，容易分配不均，同时使政府部门减少了一部分财政收入；而出售分配也容易出现问题，如大型企业操纵市场引起垄断，企业因减排承受较高成本而影响生产等。同样，碳排放权配额的初始分配问题也是碳排放交易制度中的首要难题。

2.1.4 环境金融理论

环境金融（environmental finance），顾名思义，就是把金融业与环境保护结合起来，在生态环境不遭受破坏的情况下，利用一切有利条件，对金融业进行创新发展，同时促进低碳经济的发展，最终实现生态环境与低碳经济的和谐。由于环境的不断恶化，不论是第一产业、第二产业还是第三产业，都应该在生产服务过程中注重对生态环境的保护，这是社会发展的趋势，也是对传统金融提出的新要求。

环境金融这个名词，最早是由萨拉扎（Salazar，1998）提出的，他认为环境金融就是应环境产业的要求对金融业进行的创新。埃里克·考恩（Eric Cowan，1999）认为环境金融就是环境经济与金融学的交集，它既能够提供环境经济发展所需的资金融通渠道，又能够在环境经济的发展过程中给金融业带来红利。《美国传统词典》（第四版）对环境金融的定义即致力于从金融角度研究如何通过多样化的金融工具实现环境保护的学科领域。国内学者张伟（2005）较早提出了环境金融的概念，详细介绍了环境金融的产生和发展，认为环境金融是为了保护环境、推动环境友好型产业发展而开展的投融资活动。环境友好型产业就是要实现保护环境和发展经济的平衡，不能单纯为了发展经济而不顾环境，也不能一味为了保护环境而限制经济发展。

现在，环境金融已成为一门交叉学科，责任银行、社会银行、道德银行、责任投资、伦理投资等都与环境金融有交集，学者们对环境金融的研究也在不断深入，加强环境金融的研究，对环境保护、金融业的健康持续发展起着至关重要的作用。

在环境金融的应用方面，当属 UNFCCC 和《京都议定书》的应用范围最广、力度最大，《京都议定书》提出的三种市场交易机制，将二氧化碳等需要减排的六种温室气体变成了可以在碳金融市场上交易的商品，从而推动了全球碳金融交易市场的飞速发展与完善，而且创造性地开拓出金融产业的全新领域——碳金融。碳金融作为环境金融的应用产物，不但通过资金融通等方式有效遏制了环境的恶化，同时，促进了金融产业的创新与发展，还将环境金融的理论向前推进了一大步。故而，环境金融理论也是本书研究的理论基础之一。

2.2 碳金融相关概念

《京都议定书》以法规的形式尝试通过市场手段来控制各国的温室气体排放量，从而衍生出了碳排放权、碳配额、碳资产、碳汇、碳信用、碳交易、碳金融、碳期货、碳期权等名词，我们在本节将重点介绍相关概念。

2.2.1 碳排放权相关概念

1. 碳排放权

碳排放权，即企业向大气中排放温室气体的权利，温室气体具体是指二氧化碳（CO_2）、甲烷（CH_4）、氧化亚氮（N_2O）、氢氟碳化物（HFCs）、全氟化碳（PFCs）和六氟化硫（SF_6），由于二氧化碳所占的比重最大，所以将这六种温室气体的排放权统称为“碳排放权”。

从法律角度理解，碳排放权是指在大气环境容量可承受范围之内，为谋求长远发展，国家、群体或自然人利用地球资源开展一系列活动，从而获得向大气中排放二氧化碳等温室气体的权利。由于大气资源具有全球流动性，碳排放权首先被国际法确定为一项权利，我们还可以借鉴国内的物权法从权利的客体、主体、内容三方面对其作进一步解释。碳排放权的客体是大气环境容量资源，这种资源与土地、矿产等其他自然资源在本质上是一样的，都是地球固有的自然资源，对碳排放权的处理就是要合理配置和使用大气环境容量资源，以保护环境不受人为破坏。碳排放权的主体是国家、群体及自然人，在大气环境容量无法负荷更多的温室气体时，国家、群体、自然人有义务减少温室气体排放，政策制定者以许可证的方式为控排主体分配碳配额，控排主体的碳排放权被强制压缩。碳排放权的内容包括对碳排放权的占有、使用、处分等权利，控排主体也可以将自己的碳排放权拿到碳交易市场中出售获益，各项权利均附有明显的私权色彩。

中国法律范畴内的碳排放权是指各企业在法律限制的权利范围内开展生产经营活动，可以向大气中排放温室气体的权利。碳排放权有以下几个特性：（1）确定性。政策制定者根据国家的实际情况，选择碳配额分配方式，确定分配标准，向各控排企业分配定量的碳排放权配额。（2）支配性。控排企业可自由支配已获得的碳排放权，既可以在生产过程中向大气中排放温室气体，又可以将多余的碳排放权拿到碳交易市场中出售获利，还可以在碳交易市场中购买所需的碳排放权。碳排放权的支配性与普通物权不同，主体对普通物权的支配是通过直接占有物实现，但对碳排放权的支配必须运用有效的技术手段才能实现，而且控排企业可自由支配的碳排放权受法律保护，其他任何单位或个人不得侵犯。（3）可交易性。碳排放权可以作为商品在碳交易市场中自由买卖，这样碳排放权就从减排成本低的企业流向了减排成本高的企业，降低了全社会减排的总成本。可交易性既是碳排放权作为准物权的一个重要标志，也是主体行使权利的一种途径。为了确保碳排放权在交易过程中的公平、效率，各国政府一般都会设立监管机构并出台相应的监管制度。与普通财产权不同的是，碳排放权是为了保护环境、减少温室气体排放而人为设计出来的，它与企业的生产活动是不可分割的，企业一旦停产就自动失去了碳排放权。为帮助各国以低成本实现减排目标，《京都议定书》提出了联合履约机制（Joint Implementation，JI）、清洁发展机制（Clean Development Mechanism，CDM）和国际排放权交易（International Emissions Trading，IET）三种碳排放交易机制，中国主要通过 CDM 机制向其他国家出售碳排放权。

2. 碳排放配额

碳排放配额，即碳排放权初始分配的额度，具体是指由政府设置区域或行业的温室气体排放总量上限，允许纳入温室气体减排考核体系的企业在特定时间段内排放温室气体的数量，单位为“吨”。

碳交易市场与普通的自发形成的市场不同，它是国际上多个国家共同谈判设计出来的交易市场，这个市场上的商品——碳排放权——的供给和需求并不是由市场来调节的，而是由联合国及各国政府决策控制的。如 UNFCCC 要求在 2050 年实现全球温室气体排放减少 50%，《京都议定书》则要求附录 1 国家在 2012 年底的温室气体排放量比 1990 年的水平降低 5.2%，并且规定了各国温室气体排放量应达到的具体目标——欧盟降低 8%、美国降低 7%、日本和加拿大降低 6%，这其实就是给各国分配了碳排放配额。

碳配额初始分配包括三种方式：免费分配、出售分配与混合分配。其中，免费分配包括祖父分配法和基准分配法，出售分配包括拍卖分配和固定价格出售，混合分配包括渐进混合分配和行业混合分配。在碳排放权交易机制中，配额分配这个环节至关重要，它直接影响着碳排放权的稀缺程度，即该碳交易市场的有效性；同时也影响着相关企业的减排成本及潜在收益；配额分配过程中具体方案的制定也会影响到市场买卖双方的各种经济活动，影响碳交易机制的运行效率，所以在对碳排放权进行初始分配的时候，既要克服实际操作中的各种困难，又要保证公平、公正、公开，这无疑是一个非常棘手的问题。

2.2.2　碳交易相关概念

1. 碳交易

由于全球气候变暖以及极端天气的频繁出现，温室气体的排放问题逐渐成为国际社会关注的焦点。《京都议定书》尝试通过市场手段来限制各国对温室气体的排放，碳排放权就成为有限的稀有资源，具有了价值，可以像其他商品一样在碳金融市场中通过购买、出售而流通，“碳交易”就是以碳排放权为交易对象开展的一系列贸易活动，碳交易市场即为这些交易活动的场所。

碳交易是利用经济学原理来解决环境污染问题。在减少温室气体排放的过程中，控排企业成本各异，政策制定者将碳排放权作为一种商品允许控排企业买卖，有效地利用市场机制来解决减排任务与控排企业成本这对矛盾，同时也为经济的可持续性发展注入了活力。碳交易将气候问题、碳减排的技术问题、经济的可持续性发展问题紧密结合在一起，政策制定者试图通过市场机制为这个综合性问题求解。碳交易的有序开展离不开几个关键环节：（1）设置合理的总量控制目标；（2）确定碳交易的覆盖范围；（3）制定合理的配额分配机制；（4）建立碳排放数据的统计、监测、核查体系；（5）完善与碳交易相关的法律法规。

近年来，世界各国的碳交易量越来越大，碳交易市场规模不断扩张，国家间的合作逐渐加强，金融机构以碳排放权为基础，开发出相关的碳金融产品与金融衍生品，如碳远期、碳期货、碳期权、碳证券、碳保险、与碳排放权挂钩的债券、碳排放权质押贷款及相关的理财产品等，其中碳远期、碳期货、碳期权是最基础也是最主要的衍生品。目前，碳金融衍生品的交易数量和金额已远超碳现货。为了提高碳交易市场的流动性，金融机构开发了以未来碳排放权为抵押的贷款证券化，以供场外交易；为了保障碳金融衍生品的正常交易，降低其交付风险，金融机构和保险公司还为市场参与者提供履约担保或保证保险等服务。

2. 碳交易市场

碳排放权交易的市场就是所谓的碳交易市场（carbon market），简称碳市场。碳交易市场与普通的商品市场不同，它是由人为规定形成的，市场中碳排放权的供给量、需求量受政策制定者的影响极大。自《京都议定书》实施以来，国际碳交易市场发展迅猛，规模越来越大，已逐渐形成了一套完整的体系。

如图2－3所示，根据交易原理，国际碳交易市场可以分为基于配额的交易市场与基于项目的交易市场。基于项目的交易市场包括清洁发展机制（CDM）与联合履约机制（JI）；基于配额的交易市场包括国际排放权交易（IET）、其他强制性机制（如EU ETS、RGGI）、自愿交易机制（如芝加哥气候交易所）。

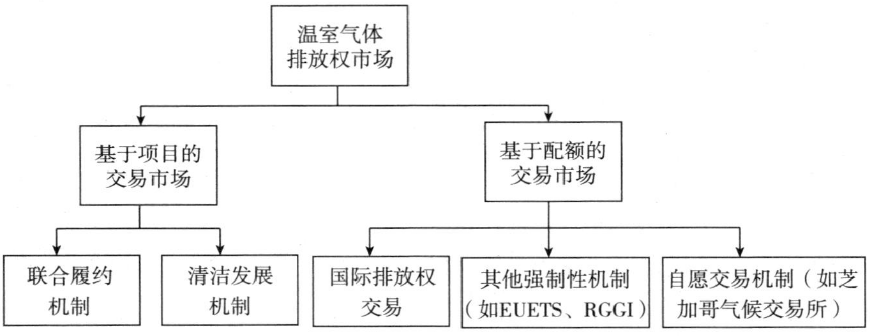

图2－3　国际碳排放权交易市场体系

JI、CDM 和 IET 是《京都议定书》为帮助各国实现减排目标，同时降低减排成本而提出的三种市场机制。其中，JI 是指附录 1 国家之间通过项目合作（如建立低于标准排放量的项目、发展能吸收温室气体的项目等）进行减排，实现的减排单位 ERUs 可以转让给项目合作方，但转让方的分配数量单位（assigned amount units，AAUs）必须扣减相应额度。CDM 与 JI 机制相似，但它主要是指发达国家与发展中国家的合作，发达国家通过向发展中国家提供资金与技术支持开发减排项目，或者发达国家直接购买发展中国家的减排量，获得的核证减排单位 CERs 可以累计计入自身完成的减排量。

基于配额的交易市场是指政策制定者基于“总量限制交易”的原则，将碳排放权分配给控排企业后，控排企业对配额进行买卖的市场。IET 是指附录 1 国家被分配到配额排放单位 AAUs 指标后，根据自身的减排情况，与其他附录 1 国家交易 AAUs 指标的一种市场机制。在欧盟基于配额的交易市场中，欧盟成员国在《京都议定书》的减排标准指导下，制定国家分配方案，包括本国排放总量及控排企业分配的配额，并将方案上报欧洲委员会，审核通过后严格实施。如果控排企业在一定期限内没有完成减排指标，可以通过碳交易市场购买配额指标；如果完成了减排任务且有剩余配额指标，则可以拿到碳交易市场中出售获利。

另外，从碳交易市场建立的法律基础划分，又可分为强制交易市场与自愿交易市场。法律对温室气体的排放上限明确进行了规定的国家与企业，为完成减排任务而进行交易的市场为强制性交易市场，如 EU ETS、RGGI 市场等。某些国家或企业出于其他目的（如履行社会责任、扩大企业影响力等），而非法律强制，自我限制温室气体排放，并通过配额交易完成减排承诺的交易市场为自愿交易市场，如芝加哥气候交易所。自愿交易市场相对来说比较宽松，参与主体主要是大公司或机构，出于企业自身宣传或履行企业社会责任的需要，通过交易市场购买碳减排量，抵消日常生产经营活动导致的排放量。

从交易对象划分，碳交易市场又分为现货交易市场和金融衍生品交易市场。碳现货交易市场，指交易双方根据自身的实际情况，共同约定碳排放权交易的时间、地点、数量、价格、交割方式等，碳排放权由卖方转移到买方后交易随之结束，受控企业因此实现自身利益最大化；该市场上的交易标的物主要有基于项目的核证减排量（CER）、减排单位（ERU）、自愿碳减排量（voluntary emission reduction，VER），基于配额的 EUA、AAU 等。碳金融衍生品交易市场是由碳现货交易市场衍生而来的，是更高级的碳交易市场，包括了碳远期、碳期货、碳期权以及碳互换等子市场。

2.2.3 碳金融相关概念

1. 碳金融

《京都议定书》正式执行后，碳交易规模不断扩大，碳交易市场快速发展，机制不断完善，催生出一系列与之配套的金融活动，这些交易及配套的金融活动统称为碳金融，具体指为实现减排目标而进行的各种金融交易活动以及与之相关的金融制度安排等，涵盖了产品、服务、市场、机构、制度等多种要素，涉及碳现货交易、碳期货交易、碳期权交易、咨询服务、低碳项目开发的投融资及保险等多种交易活动。目前，国际上对碳金融并没有统一的描述，下面引用部分机构从不同角度对碳金融的定义。

世界银行在其发布的《2009 碳定价现状与趋势》（State and Trends of Carbon Pricing 2009）报告中指出，碳金融是指为可以购买温室气体排放权的项目提供资源的活动，它的定义具有局限性，将碳金融的内涵限定在《京都议定书》中规定的 CDM 和 JI 机制之内，显然远不及碳金融的实际范畴。

欧洲复兴开发银行认为，碳金融主要目的是为一些项目提供融资服务，这些项目是碳交易市场中有助于温室气体减排的项目，它与执行 CDM 和 JI 机制的国家有关。欧洲复兴开发银行对碳金融边界的划分与世界银行相似。

《环境金融杂志》认为，碳金融是指在治理温室效应过程中的一系列金融活动的统称，包括绿色投资、可再生能源开发、气候风险管理等。

拉巴特和怀特（Labatt & White）2007 年出版的《碳金融：气候变化的金融对策》（*Carbon Finance：The Financial Implications of Climate Change*），是全球第一本系统阐述碳金融的专著。在这本专著中，两位学者认为：碳金融是金融机构在金融理论与实践中加入碳排放元素后，开发出的为了转移气候风险而在碳金融市场中交易的金融产品。

国内也有部分学者对碳金融进行了定义。袁鹰（2008）认为碳金融的目的就是为了减少温室气体的排放，基于此目的而展开的一系列金融交易活动都属于碳金融的范畴，它既包括碳现货、碳期货、碳期权及其他衍生产品的买卖、投资、投机活动，也包括减排项目的投融资活动，以及与上述活动相关的担保、咨询等中介服务。王元龙（2009）将碳金融分为狭义与广义，狭义的碳金融主要是指碳金融衍生产品，以碳期货、碳期权为代表，广义的碳金融泛指为减少温室气体排放而开展的各类金融交易活动以及为该活动进行的相关金融制度安排等，不仅包括狭义的碳金融，还包括碳现货交易与投资、低碳能源项目运作过程中的投融资活动，以及与上述活动相关的担保、咨询等中介服务。王遥（2010）认为碳金融是针对全球气候变暖等问题提出的一种解决方案，其要素包括市场、机构、产品和服务等，碳金融是一种低成本途径，能够实现可持续发展、减缓和适应气候变化、灾害管理三重目标，是低碳经济发展的核心手段。郁志坚和李青（2010）将碳金融限定为碳配额及相关衍生产品，认为碳金融市场就是碳配额市场、项目市场及相关衍生产品市场的总和。

综上所述，碳金融的界定在国内外还没有形成统一认识，但有广义与狭义之分。广义的碳金融是指为减少温室气体排放而开展的各类金融交易活动以及为该活动进行的相关金融制度安排等，具体包括：基于碳配额和碳排放项目的碳现货交易；碳金融衍生产品的交易；为这些交易的顺利进行展开的投融资活动；商业银行提供的与碳减排相关的金融产品与服务；政府或公益机构成立的碳基金项目；中介机构提供的与上述活动相关的担保、咨询等中介服务等。狭义的碳金融是指基于配额和基于项目交易的碳现货、碳期货、碳期权、碳远期等金融产品与衍生产品。本书主要研究狭义碳金融市场的价格机制，尤其是基于配额的碳金融市场相关产品的价格机制。

2. 碳金融市场

碳金融有狭义与广义之分，相应的碳金融市场也可以从狭义和广义两个层面来界定。狭义的碳金融市场是指供控排主体依法买卖碳排放权的标准化市场，在该市场上，控排主体根据自己的实际情况自由买卖碳排放权。广义的碳金融市场不仅包括狭义的碳金融市场，还包括为碳现货及其金融衍生产品交易服务的投融资市场和节能减排项目投融资市场。

碳金融市场有交易主体和交易客体之分。交易主体是指参与市场交易的各方，在《京都议定书》框架下，碳金融市场的参与主体包括附录 1 的缔约方和经其授权的有关法律实体，且这些交易主体必须服从议定书中的相关规定。交易客体是指参与在市场中被交易的对象，在《京都议定书》框架下，狭义碳金融市场的交易客体主要包括以下四种：国际碳排放交易机制（IET）下的 AAU 分配数量单位；联合履约机制（JI）下的 ERU 减排单位；清洁发展机制（CDM）下的 CER 核证减排额单位；林业活动和土地利用变化下的 RMU 清除单位。

根据不同的分类标准，碳金融市场还可以再细分。

（1）按照交易标的物分类。碳金融市场中交易的标的物可以分为碳配额和碳信用两种，以交易标的物作为分类标准，碳金融市场可以分为基于配额的碳金融市场和基于项目的碳金融市场。

第一，基于配额的碳金融市场，其交易标的物是碳配额。碳配额就是各国政策制定者在《京都议定书》的约束下，根据自身实际情况，为控排企业的分配允许它们在一定时间内可以向大气中排放温室气体的最高额度。政策制定者向控排企业发放具有法律效力的配额权利凭证，该凭证可以在碳金融市场中交易流通，受到市场参与者的共同承认。

基于配额的碳金融市场在碳配额“总量限制交易”的原则下开展活动，由于碳配额总量被政策制定者限定，供给有限使得碳配额成为稀缺资源具有了价值，当控排企业对碳配额有购买需求时，在该市场上寻求卖方进行交易，碳配额就具有了交易价格。在该市场中有买卖需求的控排企业一般是碳排放密度较高、污染较严重的企业，碳配额的价格主要受市场上碳配额交易总量的影响，当供过于求时碳配额价格下降，供不应求时碳配额价格上升。比较成熟的基于配额的碳金融市场主要集中在欧洲和北美两个区域，如 EU ETS 和 CCX。

第二，基于项目的碳金融市场，其交易标的物是碳信用额度。碳信用额度是指碳减排项目经过有效运营后减少的碳排放量，经第三方审核和认证后，被折算成一定的信用额度。基于项目的碳金融市场主要依据《京都议定书》中设立的 CDM 机制、JI 机制以及自愿减排机制建立和运转，CDM 机制、JI 机制、自愿减排机制下对应的交易标的物分别为核证减排量（CER）、减排单位（ERU）、自愿碳减排量（VER）。

在此类碳金融市场里，交易者更多样化，不仅有碳排放密度较高、污染较严重的企业，还可以有其他的投资企业和个人参与，交易价格主要取决于买卖双方的博弈。比较成熟的基于项目的碳金融市场有中国的碳金融市场、澳大利亚的新南威尔士州温室气体减排体系（New South Wales Greenhouse Gas Abatement Scheme，NSW GGAS）、日本的国内排放交易综合市场、印度的碳金融交易市场等。

虽然在理论上基于配额或基于项目的碳金融市场都可以有效运行，但《京都议定书》约定，附录 1 国家只能将 CDM 或 JI 机制作为其完成减排任务的一种补充方式，仍应努力依靠自身力量完成减排目标。故而，在现实的碳金融市场中，基于配额的碳金融市场占据主导地位。

（2）按照交易交割时间和方式分类。按照交易交割时间和方式来划分，碳金融市场可以分为现货碳金融市场、期货及其衍生品碳金融市场两大类。

第一，现货碳金融市场。在该金融市场上，控排国家或企业根据自身实际情况，现场即时买卖碳配额或核证减排量，权利由卖方转移到买方便完成此次交易，受控国家或企业因此也实现自身利益最大化。

根据交易场所的不同，现货碳金融市场又有场内市场、场外市场之分。场内碳金融交易市场主要是指交易双方在交易所内依据交易所的标准化合约买卖碳配额或核证减排量的市场。由于在交易所内交易，买卖行为会受到交易所的监督，而且交易方式也受到交易所的限制，故而交易过程更公平透明，具有一定的安全保障；而场外碳金融交易市场上的交易不在交易所内进行，交易的时间、地点、数量、交易方式更自由灵活，交易双方达成一致意见即可，但场外市场缺乏相关部门监督，交易安全无法保障。

现货碳金融市场是碳金融最基本的交易市场，也是碳金融交易发展的基础，已在许多国家成功运行，比较成熟的现货碳金融交易市场有：EU

ETS、CCX、NSW GGAS 等。中国目前还处于碳交易市场建立的初期，碳金融交易产品种类较少，碳金融服务体系有待进一步完善，碳金融市场的类型以现货碳金融市场为主。

第二，期货及其衍生品碳金融市场。在该金融市场上，控排国家或企业根据自身实际情况，买卖未来的碳配额或核证减排量，以降低碳金融市场中的交易风险，同时及时发现碳配额或核证减排量的未来交易价格，以实现自身利益最大化。

碳金融交易发展到一定阶段才会催生出期货及其衍生品碳金融市场，这是碳金融市场的高级形式，比较成熟的代表性市场有：EU ETS、CCX、日本的东京都限额体系、印度的国家商品及衍生品交易所等。

第3章

碳排放交易体系配额分配机制分析

按经济理论来说，碳配额的价格应等于减排的边际成本，但由于行业的差异、计算的复杂性，实际上碳排放的边际减排成本是很难准确计算的。碳配额的价格主要是由受减排的控制目标影响的配额分配额度、配额分配方式，以及市场需求等因素所决定，一级市场上的配额供给情况与供给方式将对二级市场上的交易价格高低与波动起着决定的作用。如政府当期发放的配额总量，当期核证减排量的供给、政府配额存储池中的数量、配额的分配方式等因素，都将对二级市场交易价格的形成与波动产生显著的影响。因此，我们在研究交易市场的价格机制时，必须首先研究碳交易的一级市场价格形成机制。本章我们将主要分析国际上主要的配额分配机制、国外主要碳交易市场体系的配额分配方式，以及中国碳交易试点省市的配额分配方式。

3.1 国外碳排放配额分配方式比较分析

3.1.1 国外碳排放配额分配方式

1. 免费分配方式

免费分配方式就是政策制定者无偿给企业分配一定额度的碳排放权，这样企业就不用付出任何代价。表面上看，这种分配方式不如出售分配方式更能够激励企业减排，因为出售分配方式需要企业花费一定的成本去获取碳排放权，为了降低这方面的支出，企业会努力减排，但是企业还需要考虑一种隐形的成本——机会成本。如果企业减排难度小，减排一单位温室气体需要花费的成本小于市场上的碳交易价格，那么企业可以通过减排将多余的碳排放额度拿到市场上出售并获得收益，从这个角度来说，免费分配方式也可以激励企业减少温室气体排放。

在配额市场的创建初期，一般来说免费分配方式比出售分配方式更能得到企业的欢迎，企业不仅可以无偿得到减排配额，还可以将剩余的配额拿到碳交易市场中出售获利，所以免费分配方式也是最容易推行的一种配额分配方式。

另外，从国际碳交易的角度来看，由于各国碳交易推行程度不一、碳金融市场机制完善程度不一，各国的经济发达程度也不一，如果外国企业是免费获得碳排放配额，而本国企业是拍卖或以固定价格购买的碳排放配额，这样将极不利于本国企业在国际市场中的竞争，因此，企业更容易接受免费分配配额的方式。

但是，由于政策在制定与实施过程中的复杂性，免费分配配额的方式直接关系着控排企业的经济利益，一些利益相关者为了“保护”自身利益，极有可能通过各种方式干扰政策制定者公平、公正、公开的分配碳排放配额，从而使配额分配的具体方案变得复杂、模糊、缺少透明度。所以，中国在进行碳排放配额分配机制的建设过程中，一定要保证配额分配的公平、公正、公开，这样才能迎来碳交易市场的健康有序发展。

免费分配方式包括祖父分配法（grandfathering）和基准分配法（benchmarking），表 3－1 对这两种方法进行了简单对比。

表 3－1　　免费分配方式的分类与比较

分类	依据	优点	缺点
祖父分配法	根据控排企业的历史排放量进行排放配额的分配	理论与实践上更可行，需要的基础数据少，计算比较简单	对过去排放量比较高的企业是一种变相的奖励，对积极减排的企业不公平；基准期的数据没有考虑到企业的近期生产经营状况、能源量与碳排放量；新进入者缺少历史参考数据，在配额分配时将面临困难

续表

分类	依据	优点	缺点
基准分配法	根据行业企业的碳排放绩效确定配额分配原则。如依据行业先进企业的碳排放因子、单位产出碳排放量或企业最优获得技术等因素确定行业碳排放的基准线	鼓励减排效率高的企业；引导行业企业积极采取减排行为	行业排放基准计算需要大量的、复杂的数据；行业产品分类繁多，也限制了基准的制定

2. 出售分配方式

出售分配方式是政策制定者将碳排放权出售给企业，企业必须购买才能获得碳排放权的一种配额分配方式。很显然，出售分配方式可以使政府获得更多的收入。表面上看，出售分配方式能够激励企业积极减排，但是企业因为付费增加了营业成本，削弱了企业的市场竞争力，所以这种方式在实际应用中并不容易被企业接受。虽然说企业可以通过利用新技术等手段降低减排成本，减少碳排放量，使剩余碳排放量的减排成本小于市场上的碳交易价格，从而出售剩余的排放配额以获取收益，抵消最初购买配额时给企业带来的不利影响。但是新技术研发或引进也需要花费大量的成本，另外国家还需要建立监管机制，对剩余排放配额出售获得的收入循环使用情况进行有效的监控，以减少社会福利的无谓损失。

出售分配方式包括拍卖分配（auction）和固定价格出售分配（fixed-pricing）两种方式。拍卖分配机制是指政府将碳排放权拍卖给企业，企业通过竞拍方式有偿获得配额的方式。在这种分配方式下，政策制定者不需要为给哪家企业分配多少额度而头疼，企业获得的碳排放配额额度是由企业的经济实力、企业希望购买的额度量以及市场竞争情况综合决定的。从理论上来讲，与祖父制分配相比，学者们更倾向于拍卖分配。如果拍卖获得的收益没有被浪费，则政策制定者会获得更多的收益；同时，拍卖可以降低税收扭曲效应，比祖父制分配方式更有效率；而且企业在拍卖分配方式上对成本有更大的控制权，可以激励企业进行技术创新减少碳排放。但是拍卖分配方式的应用性还不是很强，短期之内在全国全面实行还很困难，而且拍卖的许多细则还有待进一步完善。

固定价格出售分配就是将每单位配额明码标价，企业根据自己的需求购买排放额度的方式。表3－2将拍卖分配与固定价格出售两种方式进行了对比。

表3－2　出售分配法的分类与比较

分类	依据	优点	缺点
拍卖分配	按照一定规则，企业通过竞拍获得碳排放权	（1）对所有的参与者体现了公平性；（2）拍卖方式简单透明，行政和管理成本低；（3）激励作用明显，有利于促进企业减排技术创新；（4）拍卖收益可用于减少税收的扭曲效应，实现“双重红利”；（5）反映市场供求的价格信息，有利于企业减排决策	增加企业减排成本，导致企业参与的积极性不高，短期内难以全面推行
固定价格出售	按固定价格将排放配额出售给控排企业	理论上，若政府可以准确地计算并掌握控排企业的减排成本，根据减排目标，确定配额出售价格。控排企业根据自身情况选择购买量，这样将有利于资源的优化配置	出售价格难以准确计算确定，由于信息不对称，难以计算企业的减排成本。同时出售价格太高，增加了企业的减排负担，价格太低，缺乏减排约束力

3. 混合分配机制

国际上现在运用比较多的是混合分配机制，主要包括渐进混合分配方式或行业混合分配方式两类。渐进混合分配方式是以免费分配为主，公开拍卖或者固定价格出售为辅，政策制定者会在碳交易体系创建初期采用这种分配方式，随着碳交易市场的有序运行，政策制定者逐步提高拍卖的比重。在理论研究中，学者们更支持拍卖分配方式，但是考虑到碳交易初期这种分配方式会受到较大阻力，才形成了渐进混合分配方式，它在碳交易初期能够鼓励企业更多地参与碳交易市场，同时可以逐步向碳交易市场涉及的经济学初衷靠拢。行业混合分配方式的出现则是由于不同行业的减排成本不同，为了鼓励各行业都能够积极参与到碳交易市场中，对不同行业实施了不同的配额分配政策：对容易受到竞争力影响与碳密集等减排成本高的部门，实施免费分配方式；对减排成本低的部门实施拍卖或出售分配配额的方式。这两种分配方式都采用的折中路线，可行性较强，效果也比较好。表 3 –3 对这两种分配方式进行了比较分析。

表 3 –3　　混合的配额分配方式比较

模式	案例	内容	评价
渐进混合	EU ETS	第一期，拍卖比例不高于总配额的 5%；第二期，拍卖比例不低于总配额的 5%；2020 年，电力行业的配额全部拍卖；2027 年，所有行业的配额全部拍卖	初期免费分配为主，逐渐增加拍卖比例，提高企业参与的积极性
行业混合	NZ ETS	免费分配：林业、渔业、工业；有偿获取配额：交通运输业（上游）、能源行业	对碳密度高的行业与出口企业实施免费分配，避免竞争力受到太大影响
	澳大利亚 CPM	免费分配：工业与电力；拍卖：其他行业	
	CAL ETS	免费分配逐渐向拍卖过渡；高泄露行业免费分配比例高；中、低泄露行业免费分配比例低	降低了企业碳泄露风险；双重拍卖机制，公共事业企业免费获得配额，必须进行二次拍卖，促进公平竞争，活跃了市场交易，且收益必须用于清洁项目

注：CPM 即固定碳价机制（carbon price mechanism，CPM）。

3.1.2　国外碳排放配额分配方式比较分析

1. 祖父制分配方式的优缺点分析

（1）祖父制分配方式的优点。祖父制分配方式是政策制定者依据企业近几年历史排放量的平均值免费分配碳排放权配额的一种方式，也被称为“历史排放分配法”。其主要优点是：首先，有助于减弱控排企业抵制减排政策的主观意愿，提高其参与碳交易的积极性；其次，祖父制以控排企业近几年的历史排放水平为基准，分配的配额量基本上能满足企业正常生产经营所需，企业不会因减排任务而大幅缩减生产经营规模；最后，减轻控排企业成本负担，保护企业竞争力，使其免受非控排企业的威胁。具体表现在以下三个方面：

第一，转让剩余配额以获得利润。控排企业如果通过改进生产技术、生产流程，降低碳排放量，则可以将剩余的碳排放配额拿到碳交易市场上转让以获得利润，同时还能够充分享受碳交易市场所赋予的减排灵活性。

第二，对存在弃置资产的企业进行补偿。有些企业为了完成减排任务，必须改进生产流程，设计新的生产工艺，研发新产品，历年碳排放量越大的企业需要做出的调整就可能越大，发生的成本可能越高。企业之前购买的生产设备等大型固定资产折旧年限较长，因为改进生产流程而不得不提前弃置，致使企业对这些大型固定资产的投资不能完全收回。由于早年购买的资产并不违背当时的环保要求，但随着宏观形势的变化，提前弃置也是应减排政策要求，故而政策制定者可以通过采用祖父制方式分配碳排放权，使企业免费获得的碳排放配额与其规模成正比，对企业因减排而处置资产所遭受的损失进行一定程度的补偿。理论上来讲，企业历年碳排放量越大，规模越大，因减排而处置的资产就越多，采用祖父制分配方式得到的免费碳排放配额相应的也越多，该企业得到的补偿也越多，这种分配方式对不同规模的企业来说都比较公平，而拍卖方式就无法实现对企业弃置资产的补偿。但是免费分配方式不可能一直使用下去，企业会尽快根据减排政策的要求对自己的产品、投资等做出调整，以前购买的大型固定资产的账面净值将随着使用年限的增加而递减，最终会丧失对其补偿的必要性，这时，政策制定者就可以将分配方式逐步由祖父制向拍卖式转变。

第三，对合规成本进行补偿。合规成本是企业按照政策制定者颁布的减排政策开展活动而发生的支出。在祖父制分配方式下，企业可以免费获得碳排放配额，相当于减少了企业的成本支出，可以看作是政策制定者对企业合规成本的补偿。如果碳交易市场中碳价格上升，企业为减排而产生的合规成本也将上升，免费获得的碳排放配额的价值随之上升，所以不论碳价格如何变动，祖父制分配方式总能对企业的合规成本进行相应补偿。

祖父制分配方式的上述优点，能够有效避免碳市场在设立初期对经济发展产生过大的负面影响，所以，祖父制分配方式是政策制定者和控排企业最易接受的配额分配方式。

（2）祖父制分配方式的缺点。在欧盟十余年的实践过程中，祖父制分配方式也暴露了一系列问题。

第一，违反“污染者付费”原则。祖父制分配方式可以使温室气体排放企业免费获得碳排放权，但碳排放权在碳交易市场上是有价值的，排污企业免费获得碳排放权这项资产，节约了成本支出，相应的企业价值就提升了，企业的财务状况会变得更好，这显然是不公平的，排污企业对环境造成了污染，却得到了奖励，违反“污染者付费”原则。此外，虽然排污企业没有花费任何费用就得到了碳排放权，但是企业为减排改造生产流程、研发新产品等投入了资金，这部分资金的机会成本会导致企业产品的价格提升。其实，只要企业参与减排，就一定会导致产品价格上涨，这与碳排放配额分配方式是无关的。分配方式只是影响企业获得最初碳排放权时付出的成本多少，祖父制为排污企业省下了一笔购买碳排放权的成本，但实际上是排污企业获得了额外的收入，纳税人反而会因为排污企业产品价格的上涨背负更大的生活成本。

第二，对先期行动者有失公平。这种方法根据控排企业的历史排放量分配配额，这样相当于奖励了过去碳排放量高而减排工作做得少的企业，这不利于碳排放交易机制目标的实现。由于能效较高的先期行动者已采取了减排措施，再提高减排量会更难、成本更高，但得到的配额却比能效低的企业少，这样显然有失公平。

第三，提高新企业进入市场的门槛。有些企业不愿意出售剩余的碳排放权以防其落入竞争对手之手，这就减弱了碳交易市场的流动性，提高了新企业进入该市场的门槛，致使新企业获得碳排放权的难度更大、成本更高。现存企业有免费获得碳排放配额的资质，即使经营不佳，依然能从中获取经济利益，有助于维持经营。所以说祖父制保护了现存企业，但在死亡线上挣扎的那些现存企业，在活力、创造力、效率等方面都远不如新企业，所以这种分配方式也被认为不利于提高社会整体的生产效率。

第四，基准期滚动更新扼杀企业减排积极性。祖父制分配方式依据企业的历史排放量（通常是近几年的平均值）进行配额分配，这样碳排放企业为了分得更多的配额，并不会认真减排，反而更愿意保持高水平的碳排放量，否则只会减少自己免费得到的配额，理性的企业会做出对自己最有利的选择。所以从这个角度来看，祖父制分配方式扼杀了企业减排的积极性。

第五，适用范围窄。祖父制分配方式只适用于碳交易开始时现存的企业或产能，而对于新加入者、新增产能等，该方式无法自动纠正。尤其对于像中国这种经济快速发展的国家，祖父制方式在分配过程中遇到的问题会更多。如果对于新加入者、新增产能等的配额分配方式设计不合理，则它们可能会承受高昂的减排成本，那么祖父制分配方式就削弱了它们的市场竞争力。另外，基准年份的选择也容易引起争议，控排企业因宏观或自身原因在基准年份产量下降的话，在配额分配上将处于劣势地位。

第六，企业的游说增加分配方式设计的成本。碳排放权配额的初始分配至关重要，它是碳交易制度的起点，直接关系着企业减排的积极性和效果。企业会为获得更多的免费配额而积极游说，政策制定者必须花更多的人力、物力、财力去制定更加公平、合理的配额分配方案，从而增加了碳排放配额分配方式的设计成本。

2. 基准分配法的优缺点分析

（1）基准分配法的优点。

第一，奖励减排先行者。基准分配法与祖父制分配碳排放权的依据不同，祖父制是依据企业历年碳排放量的平均值来分配，而基准分配法则是依据各个行业的碳排放密度设定行业基准值，在这种分配方式下，企业分得的碳排放配额与自身的碳排放量无关，主要是看企业所在行业的碳排放密度高还是低，如果企业在碳排放交易机制建立之前采取了减排行动，如研发了新生产技术、改造了生产流程，使温室气体排放量更少，则企业可能获得比它实际排放量更多的碳排放权，那么就可以将多余的排放权出售获利。

第二，对新增企业或产能更公平。基准分配法如果设计得当，可以以同样形式应用于已有设施和新参与者或新增产能，当与实际产量结合使用时，可以随时间按照产量变化自动修正，这种分配方式比祖父制更显公平。

第三，碳泄漏问题得到改善。减排政策的执行势必会加大该区域相关企业的生产成本，在市场上反映为其产品价格的上升，消费者对产品的满意度降低，理性消费者肯定会转向购买碳排放未受限企业的产品，从而导致受限企业销量下降、产量也随之调减，碳排放量自然减少。但碳排放未受限企业的销量会上升，产量肯定也会随之调增，碳排放量增加，受限企业减少的碳排放量反而被未受限企业增加的碳排放量抵消，这种情况被称为碳泄漏。在基准分配法下，碳排放量较少的企业获得的配额可能比实际排放量多，企业可出售多余的碳排放权，所获得的收入提高了企业的财务能力，有助于企业开展其他活动，提高企业竞争力以挽救市场占有率，则未受限企业的市场占有率就会受到影响，产量和碳排放量都不会增加太多，从而减轻了碳泄漏的程度。

第四，分配方法更简单。在现实应用中，绝大部分欧盟成员国做出了这样的规定：在 EU ETS 第一和第二期，获得免费配额的企业必须持续运营，一旦停止，该期余下的时间将被收回免费配额获得权。这样的规定使企业在保留免费配额权与更新陈旧设备之间进行博弈，肯定会有企业选择继续使用陈旧、无效的设备而保留免费配额权，从经济的角度看这样的规定会遏制企业更新生产设备、提高生产效率的积极性。但基准分配法分配方式下，企业不会再面临如此尴尬的选择，企业使用新或旧设备生产，均采用相同的标准分配配额，不会因停产而丧失免费获得权，这样使得碳排放权的分配更简单有效。

（2）基准分配法的缺点。

基准分配法也存在不足，基准的制定需要大量企业的数据做支撑，处理过程相对复杂。首先，使用该方法前必须先搜集大量基础数据，根据碳排放密度的不同，对各个行业设定不同的行业基准值；其次，定义基准参考的无差别活动也需要花大力气搜集大量历史活动水平的数据；最后，虽然基准分配法奖励了先期行动者，对新增企业或产能更公平，但对于能效低下的企业而言，它们获得的免费配额可能比实际排放量要低很多，这些企业肯定更支持祖父制分配法而抵制基准分配法。

3. 拍卖分配方式的优缺点分析

（1）拍卖分配方式的优点。拍卖分配方式就是政府定期举行公开拍卖活动，企业通过竞拍方式获得碳排放权配额。拍卖法比祖父制更受学者们的欢迎，因为祖父制弊端太多，容易出现分配不公、扼杀控排企业积极性、减排效率低下等问题。而拍卖法则解决了祖父制存在的不足，充分地发挥了市场在配置碳排放资源方面的作用。目前，全世界只有 RGGI 采用拍卖法分配排放配额，经验还相对匮乏。与祖父制分配方式比较，拍卖法具有以下优点：

第一，在价格发现功能和优化资源配置方面具有明显优势。在碳交易市场运行初期，市场流动性相对较差，碳排放权交易所传递出的价格信号未必可靠，政策制定者可以拿出一部分碳排放权用于拍卖，帮助市场提高流动性，这样碳排放权的价格就能较快地反映其真实价值，市场参与者在交易时信息对称，有助于市场平稳、健康发展；另外，拍卖的价格也能反映出碳排放权的稀缺程度和配额购买者减排的成本，碳排放权的出清价格就是减排企业的边际减排成本，这是免费分配方式所不具备的。

第二，“双重红利”增加社会福利。碳减排政策强制执行后，碳排放权成为有价值的稀缺资源。在免费分配方式下，政策制定者将这些价值分配给获得碳排放权的企业，企业得到营业外收入；在拍卖方式下，企业必须通过拍卖购买碳排放权，这些收入就掌握在政策制定者手里，政策制定者可以用这部分收入做许多事情增加社会大众福利。例如，政府可以减少个人所得税、消费税等税收，给纳税人带来福利，同时减少税收扭曲；可以用于财政支出，支持公共基础设施建设，给民众带来福利；可以补贴碳减排比较困难的企业，帮助它们改建生产设施，给企业带来福利，同时利于保护环境；还可以补偿因碳减排而失业的工人，帮助他们平稳过渡，找到合适的工作，以稳定社会，利于经济健康发展。

政策制定者既可以通过拍卖方式达到减排保护环境的目的，又可以用拍卖所得的收入减税、减少财政赤字，增加社会福利，实现“双重红利”。但是，可能会引发一系列其他问题，导致社会成本降低幅度减弱。例如，碳减排企业成本增加导致产品价格上升、市场竞争力降低，有可能会减少员工工资，从而加剧个人所得税的扭曲效应。其实，即使拍卖方式无法实现“双重红利”的目标，在碳资源配置方面，也会比免费分配更有效率。马蒂斯和诺伊霍夫（Matthes & Neuhoff，2007）在世界自然基金会（World Wide Fund For Nature，WWF）的报道中分享了威廉姆斯（Williams）对免费分配与拍卖方式制度成本的研究成果：当碳减排量低于23%，免费分得配额的企业将多余碳排放量拿到碳交易市场上出售的所得并不太多，反而其制度成本是拍卖制度成本的2倍。拍卖增加财政收入，但政府不一定会减免等量的税收，政府税收减免量和政府开支去向直接决定了其从拍卖收入中获得的实际收益。

第三，拍卖方式消除寻租行为。通过拍卖过程分配配额，参与企业按照出价高低进行公平竞争，企业没必要花费大量的寻租成本通过对政府施加影响获取不正当的利益或额外利益。而在基准分配法下，由于不同企业之间的排放标准不同，导致企业花费大量的时间、成本，通过寻租行为与政府在排放基准上讨价还价，获取更大的利益；另外，由于大企业比小企业的影响力更大，与政府讨价还价的能力更强，最终的分配规则很容易伤害小企业的利益。

第四，激励减排效果更佳，促使企业研发碳减排技术。祖父制分配方式下，为了以后能够免费得到更多的配额，减排企业并不会下大功夫认真减排，因为得到的配额是最近几年碳排放量平均值的函数，这样会打击现存企业改造生产设备降低碳排放量的积极性，而且对新设企业也非常不公平。但是拍卖方式就可以很好地解决这些问题，企业需要多少碳排放权就必须购买多少，碳排放密度低的企业，只用付出较少的资金购买少量碳排放权，这样更有利于企业发展。新设企业与现存企业在拍卖中地位平等，企业较早拥有利于减排的先进生产设备就能更多地节省购买配额的费用。不论从哪个角度看，在减排效果上，拍卖方式都比祖父制分配方式更有激励性。

第五，分配过程更透明、更有效率。拍卖分配方式下，政策制定者不需要为给哪家企业分配多少额度而头疼，企业获得的碳排放配额额度是由企业的经济实力、企业希望购买的额度以及市场竞争情况综合决定的。拍卖双方一目了然，哪个企业最终购得多少碳排放权非常明晰；免费分配方式可能需要利用公式对企业大量的基础数据进行处理，过程复杂，容易掩盖碳排放权的真实获得者，以及分配的碳排放权的真实价值。拍卖方式相对来说更直接、更有效率，执行成本更低，但是拍卖需要设定总额度，这个问题也是比较复杂的。

（2）拍卖分配方式的缺点。主要有以下三方面的缺点：

第一，增加企业履约成本，削弱减排企业竞争力。拍卖价格反映了减排企业的单位减排成本，减排企业通过拍卖方式购买碳排放配额，很容易影响企业的财务状况和现金流量，增加企业履约成本，如果企业历年碳排放量大、将拍卖成本转嫁给消费者又比较难，那么对企业的财务状况和现金流量的影响程度就会更大，甚至会降低企业的市场占有率和竞争力，出现碳泄漏情况。这也是拍卖方式备受争议的主要原因之一。

第二，干扰碳交易二级市场。碳排放权可以通过拍卖的方式获得，也可以在碳交易二级市场上自由买卖，拍卖价格与二级市场上碳排放权的价格相互影响。碳排放权的拍卖数量、价格预测、时间、透明度以及共谋等，都会干扰二级市场上碳排放权的价格。如果碳排放权拍卖数量少，对二级市场的干扰性不会很大，但如果拍卖数量很大，市场参与者可能会从拍卖市场购得排放配额，那么二级市场上需求者减少，直接导致其碳排放权交易价格下降；如果参与者预测拍卖价格会比当时二级市场上碳价格低，那么二级市场上碳价格也会受到冲击；拍卖的时间也应比较规律，让市场参与者有条件获知相关信息，信息不对称只会影响市场健康有序发展；另外，共谋也应受到抵制，这是扼杀市场发展的一大毒瘤，解决这一问题，需要把拍卖程序设计得合理、透明。总的来说，要想拍卖过程不去干扰碳交易二级市场的均衡价格，必须投放少量标的并且公平、公正、公开地组织有规律性的拍卖。

第三，极易诱发垄断危机。碳排放总量和减排潜力与行业类别、企业性质紧密相关，行业与企业的不同将导致排放量与减排潜力差异很大。实施统一拍卖政策，势必引发不公平，如资金实力雄厚的大企业可能通过拍卖垄断交易市场，中小弱势企业只能处于被动地位。所以，采用拍卖分配方式时，必须对不同类别的行业、不同性质的企业进行调查，了解其碳排放总量和减排潜力，将水平相差过大的行业、企业分开拍卖，同时还要设计相应的监管机制，预防实力雄厚的强势企业、大型企业控制拍卖过程，垄断配额交易市场。在碳交易市场运行初期，拍卖法可以与祖父制分配方式结合使用，将拍卖法分行业、分阶段逐步引入，以实现配额的合理分配，碳交易市场的稳定发展。

3.2 国外不同交易体系碳排放配额分配方式分析

2002 年英国建立了世界上第一个自愿碳排放交易体系，随后不同区域的碳排放交易体系逐渐建立，如澳大利亚新南威尔士州减排交易体系（NSW GGAS）、新西兰排放交易计划（NZ ETS）、欧盟排放交易体系（EU ETS）、美国区域温室气体减排行动（RGGI）、美国加州碳排放交易体系（CAL ETS），以及印度履行、实现和交易机制（India Perform Achieve and Trade , IND PAT）等。其中，EU ETS 是目前世界上覆盖地区最广、交易规模最大的跨区域强制性交易体系，RGGI 是实施配额拍卖力度最大的交易体系，EU ETS 是减排政策变化最多的交易体系，NZ ETS 是世界上唯一对土地行业实施控排的体系，CAL ETS 是减排强度最高的交易体系。本节我们将对世界上主要碳排放交易体系的配额分配机制进行分析。

3.2.1 EU ETS 的碳排放配额分配方式制度设计及特点

1. 制度设计

2003 年 10 月 13 日，历经欧洲议会与欧盟理事会两年的多次审议、修订后，《排放交易指令》（Emissions Trading Directive）草案终于尘埃落定，也标志着欧盟排放交易体系的建立。该体系于 2005 年 1 月 1 日正式启动，是迄今为止国际上运行最成功、最具影响力的区域性排放交易体系，它的实施是循序渐进的，大体分以下三期。

第一期，试验与学习期（2005 年 1 月 1 日至 2007 年 12 月 31 日）。该时期的主要目的不是对温室气体大幅减排，而是积累碳排放权交易的经验，先让碳交易市场稳定有序的开展起来，为第二、第三期的顺利进行奠定基础。EU ETS 在该时期对欧盟 27 个成员国的 11500 家企业实行强制减排，减排对象只有 CO_2，而不是《京都议定书》中约定的六种气体，这些企业的 CO_2 排放量超过了欧盟 CO_2 总排放量的 45%，减排企业主要分布于碳排放密度比较高的行业，如石油冶炼、水泥、钢铁、陶瓷、造纸、玻璃等行业，以及能源产业、内燃机功率在 20MW 以上的企业等。[①] 第一期限定的碳排放配额总量

① 根据欧盟委员会网站公布的数据整理。

为63亿吨，采用免费分配为主、拍卖为辅的分配方式，拍卖所占比例不超过5%，具体的减排计划由各成员国自行制定后上报欧盟委员会审核。拍卖方式直接影响企业的成本与经济效益，因此，只有丹麦、立陶宛、匈牙利、爱尔兰四国实施，比例分别为5%、1.5%、2.5%、0.75%，拍卖总量约为300万EUAs，仅占EU ETS每年排放配额总量的0.13%。①

欧盟委员会规定，各成员国每年必须检查、认证其前一年的碳排放情况，并于当年3月31日前完成，在汇总出核证排放量信息后于4月30日前向欧盟委员会提交，欧盟委员会将这些信息与对应的任务量进行比对，对于超过配额数量的碳排放权，企业不但要拿下一履约期的配额进行弥补，还要支付40欧元/吨的罚款；对于碳排放权有剩余的情况，企业可以将剩余部分存储至下一个履约期使用，且时间不得超过2007年12月31日。在这个阶段，企业没有透支权，即不能提前使用下一履约期的碳排放权，一旦超额使用就会被罚款。

第二期，运行期（2008年1月1日至2012年12月31日）。《京都议定书》此时已经生效，该时期的主要目的就是要履行对《京都议定书》的承诺，此时要求减排的气体增加了硝酸制造业的NO_2，减排行业增加了航空业，碳排放配额总量被缩减，仍然采用免费分配为主、拍卖为辅的分配方式，但拍卖所占比例提高至不超过10%。EU ETS将新加入的航空业2004～2006年的碳排放量作为基准数据，限定其第二期排放配额为基准量的97%，其中配额的85%以祖父制方式分配给控排企业。在具体实施过程中，只有英国、德国、奥地利、荷兰、匈牙利和爱尔兰六国拍卖了6386万EUAs，拍卖比例分别是7%、9%、1.3%、3.7%、2%、0.5%，占EU ETS每年配额总量的3%。② 该时期，《京都议定书》中灵活的履约机制已经开始运用，欧盟委员会允许成员国使用CDM、JI的核证减排量以及自愿减排机制的自愿减排单位来弥补自身减排量的不足，而且规定了每年可使用的核证减排量为2.74亿吨。另外，欧盟委员会的惩罚力度也加大了，未能在4月30日前实现减排任务的企业，不但要拿下一履约期的配额进行弥

① 林健：《碳市场发展》，上海交通大学出版社2013年版，第43页。

② 同上，第82～83页。

补，还要支付100欧元/吨的罚款，而且企业依然没有提前透支权；但碳排放权有剩余，可以存储到下一期使用。

第三期，推广期（2013～2020年）。该时期的主要目的是全面推广碳减排政策，探索与其他排放交易体系的对接，逐步将发展中国家纳入碳交易市场，实现发达国家、发展中国家的联手减排。此时要求参与减排的企业覆盖面更广，气体种类逐渐增加，成员国自行设定排放限额的权利被收回，欧盟委员会以减排效率最高的10%企业的平均排放量为参照，统一制定配额总量。2013年配额量为20.39亿吨，之后年度以2008～2012年各成员国配额均值的1.74%为标准，逐年降低配额总量，直至2020年，并最晚于2025年前调整配额总量的下调速度。配额分配方式由免费发放逐渐改为拍卖，拍卖量所占比例将超过50%。电力行业中，除了成员国内集中供热、高效废热发电的电厂能获得部分免费配额外，其他企业将会以拍卖方式购得所需的所有配额，其他行业的配额发放形式也会逐步被拍卖完全取代，欧盟委员会计划在2027年对这些行业的配额全部实现拍卖，期间的拍卖比例逐步由20%增加到70%。可见，拍卖方式在第三期已占主导地位，超额减排的边际成本将完全由市场决定。在这个时期，欧盟继续支持各成员国利用灵活履约机制减排，实现发达国家与发展中国家的双赢合作，以及EU ETS与澳大利亚、瑞士等国排放交易体系的对接。例如，2012年8月，欧盟委员会与澳大利亚政府达成协议，2018年7月1日前完成配额交易体系的对接，届时各自的碳排放单位也将得到对方的认可。与此同时，为了保障碳交易市场的持续健康稳定发展，欧盟从未停止探索更有效市场机制的步伐。

表3－4为EU ETS三阶段配额分配机制的比较。

表3－4　　EU ETS三期配额分配机制比较

时期	减排目标	总量设定（亿吨/年）	拍卖比例	免费分配方法	新进入者配额分配	跨期存储和借贷
1	在《京都议定书》中承诺减排量的45%	22.36	不高于5%	祖父分配法	基准分配法，免费分配，先到先得	不允许
2	比2005年减排量降低6.5%	20.98	不高于10%	祖父分配法	基准分配法，免费分配，先到先得	跨期允许存储，不允许借贷

续表

时期	减排目标	总量设定（亿吨/年）	拍卖比例	免费分配方法	新进入者配额分配	跨期存储和借贷
3	比 1990 年减排量降低 20%	18.46	不低于 30%，2020 年不低于 50%	基准分配法	基准分配法，免费分配，每年降低 1.74%	待定

2. 主要特点

总体来看，EU ETS 的碳排放配额分配方式制度设计具有以下特点：

（1）免费分配从祖父制逐渐过渡到基准制。祖父制分配方式依据的是减排企业近几年排放量的平均值，常常在碳交易初期使用。EU ETS 在运行之初也采用了这种方式，随着实践的深入，EU ETS 积累了各行业、各企业的碳排放数据，并存入碳排放数据库中，这为基准制分配方式的实行奠定了基础。祖父制分配方式具有违反“污染者付费”原则、提高新企业进入市场的门槛、基准期滚动更新扼杀企业减排积极性、企业的游说增加分配方式设计的成本等缺点，政策制定者在设计分配方式时肯定会寻找更公平的方案，采用基准制分配方式对新设企业更公平、碳泄漏问题能够得到改善、该分配方法也更简单易行，从 EU ETS 三个时期中免费分配依据的变化我们可以看出，免费分配方式从祖父制逐渐向基准制转变。而且，在第三期成员国自行设定排放限额的权利被收回，由欧盟委员会统一制定，这就要求选用的分配方式必须更为公平，且能在各国间进行横向比较，基准制分配方式更符合这些要求。

（2）拍卖比例逐渐提高。拍卖被认为是最简单、最具经济效率的分配方式，能够增加社会福利、减少税收扭曲、降低社会成本、实现双重红利；新设企业与现存企业在拍卖中地位平等，较早拥有利于减排的先进生产设备的企业就能更多的节省购买配额的费用，激励减排效果更佳；为市场提供价格信号，减少信息不对称，反映了碳排放权的稀缺程度和减排的边际成本；拍卖分配过程更透明，避免了企业游说获取暴利，这样拍卖的分配更有效、执行成本更低。

EU ETS 第一期选择拍卖的国家和拍卖量都很少，只有丹麦、匈牙利、立陶宛、爱尔兰四国拍卖了约 300 万 EUAs，仅占 EU ETS 每年配额总量的

0.13%。第二期有德国、英国等六国采用拍卖方式，累计拍卖6386万EU-As，占EU ETS每年配额总量的3%。第三期拍卖方式比重大幅提高，电力行业中，大部分企业将以拍卖方式购得所需的所有配额，其他行业的配额发放形式也会逐步被拍卖完全取代，欧盟委员会计划将这些行业配额的拍卖占比从20%逐步提高到70%，并最终于2027年实现全部拍卖。拍卖方式已逐渐普及，碳排放权需付费的观念已深入人心，这对提升碳配额的分配效率有极大的推动作用。

3.2.2 美国碳排放交易体系的配额分配机制

美国没有签署《京都议定书》，但为了应对气候变化，于2013年6月发布了《总统气候行动计划》（Presidential Climate Action Project，PCAP）。美国也发展形成了多个区域性的强制减排体系，如加州碳排放交易体系（CAL ETS）、区域温室气体减排行动（RGGI）、西部气候倡议（Western Climate Initiative，WCI）等。

1. 美国区域温室气体减排行动

RGGI于2009年1月1日起正式实施，是美国第一个建立在市场机制基础上的强制性碳排放交易体系。RGGI最初覆盖了7个州，包括特拉华州、康涅狄格州、缅因州、新泽西州、佛蒙特州、新罕布什尔州和纽约州，后来马萨诸塞州、罗得岛州和马里兰州加入，扩大至10个州。控制排放的主要行业是发电部门，覆盖了发电机组超过25兆瓦的200余个火力发电厂。其减排目标是，2018年碳排放量比初始水平下降10%。

RGGI的实施过程是循序渐进的，第一期（2009~2014年），减排目标是将CO_2的排放量控制在交易初始水平；第二期（2015~2018年），要求发电部门在初始碳排放量的基础上减少10%，即每年减少2.5%的排放量。[①] RGGI的考核周期为三年，若控排企业在一个考核周期内未完成减排任务，将会面临严厉的经济处罚，未完成部分的处罚标准为配额价格的3倍。

排放配额的分配主体是RGGI体系内的各州政府，主要根据各州的经济增长速度、人口数量、历史排放情况等因素分配配额，随后在州内为控

① 林健：《碳市场发展》，上海交通大学出版社2013年版，第85页。

排的发电企业再分配排放配额。RGGI 体系的配额分配以拍卖为主，占到了总配额目标的 90% 以上。每季度进行一次拍卖，拍卖收入的 25% 用于提高能效与发展清洁能源的相关领域。拍卖过程中采取了单一价格拍卖、减价拍卖、单轮拍卖等多种形式。为了增加二级市场交易的活跃性，规定只要符合金融安全条款的企业都可参与竞拍，但非控排企业在每次拍卖中竞拍额度不得超过总拍卖量的 1/4。Potomac Economics 是一家独立的监管机构，负责监管 RGGI 一级市场的拍卖以及二级市场的交易。2008 年 9 月至 2015 年 12 月，RGGI 一共组织了 30 次排放配额的拍卖，如表 3－5 所示。

表 3－5　美国 RGGI 减排交易体系二氧化碳拍卖量与拍卖价格

拍卖序号	时间	提供量（万短吨）	拍卖量（万短吨）	结算价格（美元/短吨）	备注
30	2015 年 12 月 2 日	1537.43	1537.43	7.50	2015 年 CCR 配额总量：1000 万短吨
29	2015 年 9 月 9 日	1537.43	2537.43	6.02	
28	2015 年 6 月 3 日	1550.76	1550.76	5.50	
27	2015 年 3 月 11 日	1527.28	1527.28	5.41	
26	2014 年 12 月 3 日	1819.87	1819.87	5.21	2014 年 CCR 配额总量：500 万短吨
25	2014 年 9 月 3 日	1799.87	1799.87	4.88	
24	2014 年 6 月 4 日	1806.24	1806.24	5.02	
23	2014 年 3 月 5 日	1849.14	2349.14	4.00	
22	2013 年 12 月 4 日	3832.94	3832.94	3.00	
21	2013 年 9 月 4 日	3840.90	3840.90	2.67	
20	2013 年 6 月 5 日	3878.21	3878.21	3.21	
19	2013 年 3 月 13 日	3783.54	3783.54	2.80	
18	2012 年 12 月 5 日	3756.31	1977.40	1.93	
17	2012 年 9 月 5 日	3894.96	2458.90	1.93	
16	2012 年 6 月 6 日	3642.61	2094.10	1.93	
15	2012 年 3 月 14 日	3484.36	2155.90	1.93	
14	2011 年 12 月 7 日	4298.35	2729.30	1.89	
13	2011 年 9 月 7 日	4218.97	748.70	1.89	
12	2011 年 6 月 8 日	4203.32	1253.70	1.89	
11	2011 年 3 月 9 日	4199.58	4199.58	1.98	

续表

拍卖序号	时间	提供量（万短吨）	拍卖量（万短吨）	结算价格（美元/短吨）	备注
10	2010 年 12 月 1 日	4317.36	2475.50	1.86	
9	2010 年 9 月 9 日	4559.60	3440.70	1.86	
8	2010 年 6 月 9 日	4068.56	4068.56	1.88	
7	2010 年 3 月 10 日	4061.24	4061.24	2.07	
6	2009 年 12 月 2 日	2859.17	2859.17	2.05	
5	2009 年 9 月 9 日	2840.89	2840.89	2.19	
4	2009 年 6 月 17 日	3088.76	3088.76	3.23	
3	2009 年 3 月 18 日	3151.38	3151.38	3.51	
2	2008 年 12 月 7 日	3150.59	3150.59	3.38	
1	2008 年 9 月 25 日	1256.54	1256.54	3.07	

资料来源：http：//www.rggi.org。

自 2008 年第一次拍卖起，至 2012 年 12 月，RGGI 的配额拍卖价格始终不高，基本处于最低价格或者最低投标竞价水平。一个原因是天然气替代品在 2007 年开始降价，美国东北部地区大力推广使用后二氧化碳排放量骤减，远远低于 RGGI 所规定的最低标准；另一个原因是全球金融危机的突然袭来扰乱了碳排放配额的供需，投资锐减、企业破产、生产萎缩的情况时有发生，交易市场上配额需求量大减，供过于求的情况更加严重。

鉴于运行前几年配额过度供给，RGGI 采取了一系列改革方案，包括减少配额供给总量、更改抵消项目类型、更改成本控制机制、更改保留价格规定等。2014 年开始实施减少配额供给总量方案，从 1.65 亿短吨减少到 0.91 亿短吨[①]，2015 年开始逐年递减 2.5%，计划到 2020 年，排放配额供给总量降为 0.78 亿短吨。2014 年 3 月 5 日，RGGI 在减少配额供给总量后，第一次拍卖的最终结算价为 4 美元/短吨（约为 27.07 元/吨），比 2013 年 12 月拍卖结算价上涨 33%，价格上涨幅度已经触发了成本控制储备（cost containment reverse，CCR）机制。从随后的历次拍卖结果中可以看到，成交交割价格逐渐上升，RGGI 总量改革初见成效。RGGI 在碳金融基础产品价格形成上有以

① 短吨是美制计重单位，1 短吨 =907.2 公斤。

下四个方面的特点：

（1）循序渐进。覆盖控排对象，RGGI 采用了与 EU ETS 相似的循序渐进方式，由电力部门逐渐覆盖到了其他高排放强度的行业，为后续实施的减排政策预留了缓冲空间。

（2）拍卖方式为主。RGGI 的配额分配方式以拍卖为主，拍卖量占到了配额总供给量的 90% 以上，充分地发挥在配额初始价格确定过程中市场供求力量的作用，有效地实现了配额分配的公平性与效率性，为二级市场的配额交易提供了价格参考。

（3）独立监管机构。Potomac Economics 作为独立的监管机构，不但负责监督 RGGI 一级市场的拍卖过程，及时公布拍卖报告，而且监管二级市场的交易，这样既保障了拍卖的公平与效率，还能通过拍卖活动传递信息，引导市场预期，为二级市场的公平、高效运行提供保障。

（4）稳定价格机制。RGGI 曾在运行之初设定了 1.86 美元/吨的拍卖底价，后又根据配额过度供给的情况提出了一系列改革方案，成功地利用成本控制储备机制维护了配额价格的安全阀（2014 年第 23 次拍卖），既保护了一级市场拍卖价格的形成机制，又促进了二级市场交易价格的稳定，避免剧烈波动。

2. 加州碳排放交易体系

美国加州作为全球重要的经济体，于 2013 年正式启动加州碳排放交易体系（CAL ETS），该体系自 2008 年得到法律认可后，在长达 6 年的准备时间里，借鉴了 2005 年启动的 EU ETS 及其他碳排放交易体系的经验教训，终于在 2013 年开始运转，并被全球公认为效果最好。CAL ETS 的减排计划分三个时期：第一期（2013～2014 年）免费分配为主，90% 以上的配额免费分配给参与企业；第二期（2015～2017 年），不同行业和企业有不同的分配机制：高泄漏类（high leakage category）企业实施免费分配，中等泄漏类（medium leakage category）企业免费分配 75% 的配额，低泄漏类（low leakage category）企业免费分配 50% 的配额；第三期，高泄漏类企业继续实施免费分配，中等泄漏类企业免费分配比例下降到 50%，低泄漏类企业免费分配下降到 30%。其配额分配方式有以下特点：

（1）采取前期免费分配，后期逐步拍卖的配额分配方式。加州碳交易项目决策者认识到，如果一开始就采用拍卖方式，许多企业极可能为了降低成本、摆脱加州的限制而将生产转移到无减排任务的区域，温室气体总排放量不仅不会降低反而可能上升，从而引起碳泄漏。于是，加州在 CAL ETS 运行初期给这些企业分配较多的免费配额，在后期则要求企业必须通过拍卖购买配额。

（2）建立了基于排放效率对标的配额分配方法。CAL ETS 在配额分配方式上建立了基于排放效率对标的配额分配方法，每个控排行业都制定了排放效率的标杆，定期对效率标杆进行评估调整；同时也根据经济形势的波动，调整工业企业获得的排放配额。基于排放效率对标的配额分配方式，既保持了企业的市场竞争力，也避免了碳泄露问题。

（3）按照"一个产品，一个标杆"的原则建立排放效率标杆。由于生产技术、生产规模、能源使用情况、气候等因素影响，企业排放强度并不一致，因此，CAL ETS 按照"一个产品，一个标杆"的原则计算排放水平，根据行业的平均排放水平，按照90%的比例免费分配配额，并逐步下降。同时，根据企业的产量与效率水平，每年调整更新企业的排放配额数量。

3.2.3　澳大利亚排放交易体系的配额分配机制

早在 2003 年，澳大利亚的新南威尔士温室气体减排体系（NSW GGAS）开始启动，为澳大利亚碳排放交易的实施奠定了基础。2012 年 7 月，澳大利亚开始推行全国范围内的碳交易，2015 年 7 月，澳大利亚碳交易体系（AU ETS）正式建立。由此，澳大利亚成为继欧盟、新西兰之后，世界上第三个建立全国性碳交易市场体系的国家。澳大利亚的碳排放配额分配经历了固定碳价、灵活碳价、减排基金等不同时期。

第一期：固定碳价期。2011 年 11 月 8 日，澳大利亚通过《清洁能源法案》，该法案规定，从 2012 年 7 月 1 日起，澳大利亚实施为期三年的固定碳价机制（Carbon Price Mechanism，CPM），起始价格为 23 澳元/二氧化碳当量（包括二氧化碳、甲烷、氧化亚氮、全氟化碳四种温室气体换算后的二氧化碳量），每年价格递增 2.5%。控排企业每年 7 月 15 日前缴纳 75% 的配额费用；次年 2 月 1 日前缴纳剩余的 25% 配额费用。为了提高企业的积极性，降低减排成本，政府提供了大量的免费配额，但免费配额只能当年使用，不能跨期储备。同时，期间控排企业可以通过农业保碳单位抵消其碳排放量，即企业通过减少农业向大气中的碳排放，或利用土地封存碳的方法获得碳减排量，抵消自身碳排放量。

第二期：灵活碳价期。根据澳大利亚碳交易体系建设计划，2015 年 7 月 1 日澳大利亚碳交易市场与欧盟碳交易体系接轨，国内碳排放配额主要采用拍卖方式分配，由市场上碳排放权的供给与需求力量决定碳价。同时，为保障碳交易市场的平稳进行，避免碳价过度波动，政府限定了最高价。2015 年碳价上限为“国际碳价预期基础 +20 澳元”，后两年，每年碳价上限是前一年的 1.05 倍，2018 年碳价完全由市场供求决定。这一时期，承担减排义务的企业碳排放配额可以累计使用，也可以提前预支，但提前预支量不能超过年度配额量的 5%。2014 年 7 月，澳大利亚全面实施了灵活碳价制度，比计划提前一年。

第三期：碳减排基金期。由于执政党的轮换，澳大利亚的碳减排计划政策也有所调整，工党执政时期制定的“碳定价机制”已被“减排基金”（Emission Reduction Fund，ERF）政策所取代。新政策中，政府安排资金帮助企业实施减排，澳大利亚政府 2014 ~2015 财年提供 25.5 亿美元预算建立碳减排基金，基金包括购买减排量、存入减排金额、保证减排量三部分。

3.2.4 新西兰排放交易体系

新西兰排放交易计划（NZ ETS）于 2008 年 1 月 1 日起实施，是当时欧盟以外全球唯一的国家层面的碳排放交易体系。该体系依据《气候变化责任法案》（Climate Change Accountability Act）开展并逐步推进，2008 年 1 月 1 日最先纳入林业部门，2010 年 7 月 1 日纳入了固定能源、液化化石燃料和工业加工部门，2013 年 1 月 1 日纳入了合成气体行业和废弃物排放行业。由于受到国际金融危机和欧债危机的影响，原定于 2013 年加入的农业部门，最终推迟到 2015 年 1 月 1 日。至此，NZ ETS 将新西兰的全部行业纳入减排范围之内，涵盖了全部六种温室气体。

（1）配额分配方面。过渡期内，以免费分配为主，其余的按固定价格出售，过渡期后，逐渐削减免费分配配额。配额分配计划预先提交国会讨论通过后进行发放。配额分配主要根据企业历史情况计算碳排放强度，针对不同行业的碳排放强度区别对待。碳排放高密度行业，按 2005 年规定的排放基准的90%免费分配配额；碳排放中等密度行业，按排放基准的60%发放配额；为避免影响国际竞争力，出口企业按2005年规定的排放基准的90%免费分配配额；农业部门2015～2018年为减排过渡期，按2005年排放基准的90%免费分配配额。过渡期结束后，逐渐降低免费分配配额的比例，2013年开始，工业领域每年按1.3%的比例削减免费配额比例，直至免费配额全部削减；农业部门2019年开始逐渐削减免费配额。

同时，政府规定多种其他方式，帮助控排企业完成减排任务。允许企业向其他企业购买配额，允许企业购买森林碳汇，允许购买国际碳信用额度抵消碳排放量，帮助企业实施碳减排技术改造。

（2）交易价格方面。过渡期内，按照固定价格出售碳排放配额。新西兰排放交易计划设计了自己特有的碳排放计量单位——新西兰排放单位（New Zealand Units，NZU），每个减排单位代表1吨二氧化碳排放当量。政府规定在过渡期内，每个减排单位的价格为25新元，固定售价制度的安排，避免了碳市场价格的波动。同时，过渡期内对于固体燃料、液体化石燃料与工业生产等行业企业，每排放2吨NZU，仅需要支付1单位NZU。固定价格优惠制度的安排，既维护了碳市场的稳定，也缓解了企业的减排成本。过渡期结束后，碳交易市场将充分发挥作用，决定交易价格。

3.3 中国碳排放交易试点省市配额分配方式分析

2013年以来，中国的7个碳排放交易试点省市的交易市场陆续开市，并相应颁布了碳交易管理办法，据统计，纳入控排范围的企业和单位共1900余家，配额分配量约12亿吨。截至2015年8月底，所有试点的碳排放配额交易量累计达4024万吨，成交金额约12亿元；配额拍卖量累计达1664万吨，成交金额约8亿元。① 因此，有必要对这7个试点省市的碳排放配额分配方式进行归纳总结、对比分析（见表3－6）。

① 《国家发展改革委：中国碳排放交易地方配额已累计约4024万吨》，碳排放交易网，2015年11月19日。

表3-6 中国碳交易试点省市碳排放配额分配方式

项目	深圳	上海	北京	广东	天津	湖北	重庆
启动时间	2013年6月18日	2013年11月26日	2013年11月28日	2013年12月19日	2013年12月26日	2014年4月2日	2014年6月19日
控排行业	635家工业企业，197家大型公共建筑企业	共191家，其中工业行业包括：钢铁、化工、电力等；非工业行业包括：宾馆、商场、港口、机场、航空等	共490多家，包括：制造业、其他工业和服务业、供热企业、火力发电企业	共202家，包括：电力、钢铁、石化和水泥四大行业	共114家，涉及民用建筑领域和重点排放行业（石化、化工、钢铁、热力、电力、油气开采等）	共138家工业企业，涉及12个行业（电力、热力、钢铁等）	共300多家工业企业，涉及电石、电解铝、钢铁、铁合金、烧碱、水泥等行业
分配方式	基准分配法为主。燃气、电力、供水企业综合考虑其期望产量及所处行业的基准碳排放强度等因素，确定其年度目标碳强度和预分配配额；建筑企业综合考虑其建筑面积、建筑功能、建筑能耗限额标准或者碳排放限额标准等因素，确定其预分配配额；其他企业综合考虑其历史排放量、在所处行业中的排放水平、自身及同行业其他企业的未来减排承诺等因素，通过同行业内企业竞争性博弈的方法，确定其年度目标碳强度和预分配配额	祖父分配法和基准分配法。行业基准分配法适用于航空、机场、电力、港口等部门；祖父分配法适用于其他行业。配额一次性发放三年，全部免费	祖父分配法和基准分配法。配额全部免费分配，综合考虑重点控排企业（单位）的历史排放水平、行业技术发展趋势、行业先进排放水平、经济结构调整及节能减排淘汰落后产能的整体安排等因素	祖父分配法和基准分配法	祖父分配法和基准分配法。电力行业为基准法，其他行业采用祖父法，无偿分配为主综合考虑天津市各年度减排总量目标、节能减排措施、未来发展计划以及控排企业历史排放水平等因素，确定控排企业2013～2015年各年的碳排放配额量	祖父分配法、基准分配法和节能减排贡献。电力行业之外的工业企业的配额采用祖父法计算	以最高历史排放量为基准，设定动态基准线，结合多种调整方法，免费分配配额
分配原则	免费分配为主，有偿分配为辅	全部免费，适时推行有偿分配	免费分配为主，有偿分配为辅	免费分配为主，有偿分配为辅。3%有偿分配，第一个试点拍卖配额，逐渐提高拍卖比例	免费分配为主，有偿分配为辅	免费分配为主，有偿分配为辅，逐渐提高拍卖比例	初期全免费，逐步提高拍卖比例，最后全拍卖

总体来看，由于中国碳交易市场体系建设比较晚，更多地借鉴了欧盟、美国等国外碳排放交易体系的有关经验。中国试点省市的碳排放交易体系在配额分配方式上有以下特点：

（1）建立了排放总量控制目标，覆盖了比较广泛的行业范围。严格意义上讲，碳交易市场的碳排放总量控制目标与排放强度框架下的总量控制目标是一致的。在中国碳交易的试点省市，通过对控排行业企业的碳排放实际情况进行核查，已经建立起了“自下而上”形成的碳交易市场碳排放总量的控制目标。同时，控排行业覆盖的范围也比较广泛，包括电力、钢铁、化工等碳排放量大的行业，甚至有的试点地区还包括建筑、服务、铁路、港口、机场等控排难度比较大的行业。目前各试点地区基本建立起了规范的温室气体核算、报告与核查体系。

（2）采用祖父制与基准法相结合的分配方式。各试点地区在配额分配方式上，主要采用了祖父制与基准法相结合的免费分配方式，其中，祖父制主要用于化工、钢铁等行业，基准法则主要用于电力、热力等行业。

（3）采取免费分配为主、有偿分配为辅的分配方式。试点地区在配额分配方式上，基本上都采取了“免费为主、有偿为辅”的方式。北京、天津、上海、重庆初期全部实行免费分配，逐渐推行有偿分配方式；广东采取拍卖与免费分配相结合的方式，控排企业必须先通过拍卖方式购买配额总量的3%，才能免费获取余下97%的配额；湖北则预留出了一部分配额进行拍卖。

（4）中国核证减排量（Chinese Certified Emission Reduction，CCER）被广泛地用于排放配额抵消。在各试点地区，经国家发展和改革委员会备案的核证减排量都可以用来抵消部分排放配额，各试点地区规定的抵消比例基本在5%～10%。但北京、广东、湖北对CCER项目所在地有特殊要求，北京要求区域内开发的CCER项目占抵削减排量达到50%；广东要求省内开发的CCER项目减排量达到70%。另外，北京、重庆对CCER项目所属行业还做了相关规定。

（5）各试点省市均采取保护市场价格稳定的措施。为了避免交易市场价格剧烈波动，稳定碳交易市场，多数试点省市制定了相应的碳价保护机制。北京、广东、湖北以及深圳预留了部分配额。深圳通过固定价格向控排企业出售预留配额，通过调整市场供给，稳定市场交易价格。北京、天津、上海、重庆、深圳都规定，核查工作完成后，政府有权利对上一年度的配额进行调整。另外，深圳建立了配额回收机制，防止配额供给过剩、市场交易价格太低，但回购总额不超过当年配额供给总量的10%；北京建立了碳交易市场的价格预警机制，防止交易价格剧烈波动，必要时政府将通过回购配额或拍卖等措施稳定市场；上海建立了价格风险管理制度，在一定程度上限制了交易市场的涨跌幅度。

3.4 本章小结

本章主要研究了国际碳排放配额的主要分配方式、国外主要碳交易体系的碳排放配额分配方式，以及中国试点省市碳排放配额分配方式。主要研究结论为：

（1）碳排放配额分配方式直接影响配额价格形成，配额分配有三种方式：免费分配、出售分配和混合分配。免费分配包括祖父分配法和基准分配法两种类型；出售分配方式包括拍卖分配和固定价格出售分配两种类型，国际上现在运用比较多的是行业混合分配方式或渐进混合分配方式。

（2）祖父分配法的主要优势是较为简单，只依靠历史排放数据，刺激了市场主体参与的积极性，不会对企业的经营带来过大的影响；但违反“污染者付费”原则，对先期行动者有失公平，提高了新企业进入市场的门槛，适用范围窄，企业的游说增加分配方式设计的成本。基准分配法有利于奖励减排先行者，对新增企业或产能更公平，碳泄漏问题得到改善，分配方法更简单易行；但根据各个行业的碳排放密度设定行业基准值计算较为复杂，容易遭到效率低下的落后企业抵制。

（3）拍卖方式在价格发现功能和优化资源配置方面具有明显优势；具有双重红利效应，增加了社会福利；激励减排效果更佳，促使企业研发减排技术；分配过程更透明、更有效率。但拍卖分配方式容易增加企业减排成本，削弱减排企业竞争力，降低企业的参与积极性，干扰碳交易二级市场。

（4）EU ETS 免费分配从祖父制逐渐过渡到基准法，拍卖比例逐渐提高。RGGI 是国际上唯一一个主要通过拍卖手段分配碳配额的交易体系，供求关系对初始价格的形成具有决定性作用，不仅保障了一级市场上碳配额初始价格形成的公平性和高效性，还对二级市场上配额的交易价格提供了参考。RGGI 曾在运行之初设定拍卖底价，利用成本控制储备制度维护配额价格的安全阀（2014 年第 23 次拍卖），促进了一级市场拍卖价格的形成与二级市场交易价格的稳定。CAL ETS 采取前期免费分配，逐步拍卖的配额分配方式；建立了基于排放效率对标的配额分配方法。AU ETS 第一期采取固定价格出售，为了减轻控排企业的成本负担，对一些工业企业提供了免费配额援助；第二期的灵活价格机制（主要是拍卖）被减排基金（ERF）政策所取代。

（5）中国碳交易试点省（市）更多地借鉴了欧盟、美国等国外碳排放交易体系的配额分配经验，基本采用祖父制与基准法相结合的方式；配额分配以免费分配为主，有偿为辅；广泛地使用温室气体核证减排量（CCER）用于碳排放量抵消；各试点省市均采取了保护市场价格稳定的措施。

第4章

碳交易现货价格及影响因素分析

对于碳金融市场而言，配额的额度、分配方式是政府从供给侧影响了碳交易的市场价格。当政府通过配额分配机制在一级市场形成碳配额的初始价格后，碳交易二级市场上，经济系统的供给和需求、市场突发事件等因素共同影响碳配额交易价格，因素的变动引导市场价格由一个瞬时均衡向另一个瞬时均衡转变。自2005年EU ETS正式投入运行以来，作为一个新的事物，交易价格波动比较大，其在二级交易市场上的价格波动规律研究一直是碳交易体系研究的重点。分析其价格运行机制，为政府确定排放配额供给量、供给分配方式、分配时机等政策设计提供参考；也为减排企业与投资机构提供了投资决策信息，有利于碳交易市场的活跃与发展；同时对二级交易市场现货价格波动规律的认识，也有利于决策者构建碳交易市场的风险预警机制，确保碳交易市场的平稳运行。

因此，本章以EU ETS重点交易所的配额现货交易价格、中国试点省市碳配额现货交易价格为样本，系统分析碳金融市场现货价格的波动特点、价格运行机制，研究碳交易市场现货价格波动的影响因素，探索其价格运行规律，以完善国内碳交易市场的价格体系，促进碳交易市场平稳健康发展。

4.1 碳交易现货价格波动影响因素分析

碳交易现货价格是碳市场运行的基础，合理的现货价格有助于碳交易市场的繁荣发展，提高碳减排效率。认识碳交易现货价格，首先要对碳交易现货价格的影响因素与影响机制有一个清晰合理的认识。影响碳交易现货价格的因素与机理非常复杂，如配额的供给量、分配机制、经济发展水平、化石能源消费量、碳减排技术等，但作为市场交易的一种产品，与其他任何产品一样，主要受需求与供给两方面因素的影响。因此，本节我们主要从供给与需求两个方面定性分析碳交易现货价格的影响因素。

4.1.1 碳交易价格波动的供给因素分析

影响碳排放权供给的因素主要包括配额政策（配额数量、分配方式、跨期储备制度等）、碳减排技术、碳税政策、其他减排履约机制项目供给情况等供给方面的相关政策。

1. 配额政策因素

国际上大多数碳排放交易体系，政府通过分配碳排放配额，决定配额的总供给量和各控排企业获得的配额量，如 EU ETS 下，欧盟委员会首先将配额分配到各成员国，各成员国再制定自身的配额分配方式。如果欧盟碳配额供给计划发生变化，必然引起各成员国的配额计划变化，最终影响到成员国需要减排的企业获得的具体排放配额数量的变化。如果整个分配方案的计划低于或高于企业实际排放量，将导致二级交易市场配额交易价格的上升或下降。例如，在欧盟碳排放交易体系第一期，由于碳交易市场体系建设刚起步，配额分配机制不成熟，以及各成员国在配额分配过程中追求自身利益最大化，最终导致初期配额供给数量高于市场企业实际排放量，每年配额供给量 22 亿吨，高于实际排放量近 1 亿吨，导致二级市场配额交易价格急剧下降。第二期，欧盟在第一期的经验基础上，调整了配额分配方案，加强对配额供给的限制与约束，对各成员国申请的排放配额按 10% 削减，第二期交易量明显增加，且交易价格逐渐上升。第三期，欧盟进一步完善碳排放配额的分配机制，一方面，逐渐降低供给量，从 2013 年起每年降低总供给量的 1.74%；另一方面，在分配方式上逐渐提高配额拍卖的比例。另外，在配额分配政策上，跨期储备制度（指前一期的配额余额，是否可以留存在下一期使用）也影响二级市场配额交易价格。如在第一期，欧盟规定企业分配到的配额不能留存到第二期使用，直接导致配额交易价格跌到了极低的水平。

再如，一直实施拍卖配额分配方式的美国区域温室气体减排行动（RGGI），由于实施的前几年配额供给总量一直偏高，导致拍卖价格基本保持在最低水平或者最低投标竞价水平，二级市场交易也不活跃。2014 年 RGGI 实施了缩紧配额总量的政策，当年第一季度的拍卖成交价比上一次成交价上升了 30% 以上，与此同时，二级市场交易价格也逐渐上升。

2. 碳减排技术因素

碳减排技术也是影响碳配额交易价格的一个重要因素。碳减排技术主要影响的是企业的减排成本，当企业的减排技术不成熟，减排成本较高时，一般将在碳交易市场购买更多的碳排放权配额，配额交易价格将有所上升；而当碳减排技术有所突破，企业减排成本降低，则购买比较少的排放配额，交易价格就有所下降。如在发电领域，当太阳能发电或清洁能源发电技术有所突破，替代大量的化石能源发电；或化石能源发电的碳捕捉或封存技术有所突破，成本降低，都将对市场排放配额交易价格产生影响。

3. 碳税政策因素

碳税政策作为积极应对气候变化和促进节能减排的有效政策工具，其对二氧化碳排放的控制效果已在许多国家显现。如北欧国家已建立了成熟的碳税体系，德国、意大利、荷兰、瑞士、英国等也已开征碳税或气候变化相关的税种，北美的加拿大与美国部分地区也实施了碳税。碳税政策的实施加大了排放企业的生产成本，势必对排放企业的减排技术、产量有一定的影响，进而影响其排放量，并最终对碳排放配额交易价格产生影响。

另外，有些国家也在探索实施碳关税政策。碳关税是温室气体减排国家对进口的与减排气体相关的商品征收的一种关税，碳关税现在逐渐演化成为发达国家的贸易壁垒。由于发达国家资本实力雄厚、技术先进，通过环境保护和减排的名义实施贸易保护主义政策，造成发展中国家在国际贸易中处于劣势地位。某种程度上，碳关税政策阻碍了碳交易市场的发展，并影响碳排放权的交易价格。

4. 其他减排履约机制项目供给情况

为了有效实现碳减排，《京都议定书》为控排国家和企业提供了三种灵活的减排机制：国际排放权贸易（IET）、联合履约机制（JI）和清洁发展机制（CDM）。IET 允许附录 1 国家分配到 AAUs 指标后，根据自身的减排情况与其他附录 1 国家交易 AAUs 指标。JI 允许附录 1 国家之间通过项目合作（如建立低于标准排放量的项目、发展能吸收温室气体的项目等）进行减排，实现的减排单位 ERUs 可以转让给项目合作方，但转让方的 AAUs 必须扣减相应额度。CDM 则主要是附录 1 与非附录 1 国家间的合作，以发达国家与发展中国家合作为主，发达国家提供资金和技术，支持发展中国家创建减排项目或者直接购买发展中国家的减排量，获得的核证减排单位 CERs 可以计入自身完成的减排量。IET 属于碳排放配额市场，JI 和 CDM 属于碳排放项目市场。JI 与 CDM 机制下，减排项目的供给数量、开发减排项目的技术等因素也将对碳配额交易市场的供给关系产生一定影响，进而影响配额交易市场的价格。如 JI 与 CDM 机制项目的供给增加，将导致市场碳排放权供给的增加，配额交易市场的交易价格下跌。

4.1.2 碳交易价格波动的需求因素分析

经济发展水平、能源价格、金融市场、气候变化等需求方面的因素，对配额交易价格波动也有极其重要的影响。

1. 经济发展水平因素

环境问题及其引起的世界范围内的碳减排活动对各国的经济发展产生了深刻影响，而全球的环境问题与碳减排活动也是由于经济发展导致的。因此，经济发展水平对碳配额的需求量影响最大，并直接影响碳配额的交易价格，具体表现为：当经济发展水平处于上升阶段，社会需求增加，企业生产规模扩大，化石能源需求量及碳排放量必然增加，因此配额需求也在增加，在配额供给缺乏弹性的情景下，必然导致配额供需关系发生显著变化，配额交易价格上升。反之，当经济下滑，企业规模紧缩，化石能源需求下降，碳排放量减少，导致配额供给过剩，价格下降。

2. 能源价格因素

能源是人类生产与生活的最为基础的资源，随着人类经济活动水平的发展，能源需求越来越大，尤其是对化石能源的需求。碳排放权的产生主要源于化石能源的大量使用和消耗，其价格与能源价格密切相关。

当对能源，尤其是化石能源的需求增加，必然导致能源价格的上涨，同时也必然导致二氧化碳排放量的增加，由此，化石能源价格的波动将导致碳市场相关产品的价格波动。另外，当化石能源价格上涨，或某一类化石能源价格上涨，企业将选择清洁能源或其他化石能源代替价格相对较高的化石能源，这样也导致化石能源的消费量与碳排放总量的变化，并影响碳排放总量的需求量，进而影响碳交易市场以及交易价格。

3. 金融市场因素

现代经济与金融行业的联系越来越密切，碳排放配额的价格与反映实体经济的股票价格也紧密联系。由于股票价格反映实体经济情况，股价的变动将影响实体经济，进而影响碳排放权需求，波及碳交易市场，引起碳价波动。当股市下跌时，股价缩水，企业的财富蒸发，企业投资将减少，经济规模缩减，碳排放量和碳排放权需求减少，导致碳排放配额交易价格下跌；反之，碳排放配额的交易价格上升。

另外，在国际资本市场上，金融投机资本一直扮演着重要角色，它在碳金融市场上的作用日益凸显。为了活跃碳金融市场，欧洲的碳交易所都推出了碳期货、期权、远期等碳金融衍生品。大量金融机构（如投资银行、私募基金、对冲基金等）参与交易，既为碳金融市场注入了活力，也成为影响碳交易价格的重要力量。突发的金融事件会影响整个社会的经济发展状况，碳排放配额交易价格也很容易受到金融危机、欧债危机等金融市场突发性波动的影响。

4. 气候因素

气候因素，尤其是气温的变化，通过影响碳排放权需求来影响碳排放配额交易价格。例如，当一个地区的气温过低时，尤其是冬季，居民将使用更多的电力来取暖，电力需求的增加必然导致电厂使用更多的化石能源，从而增加碳排放量和碳排放权配额的需求，并最终导致碳排放配额交易价格上升。而当气温相对温暖时，居民对电力的需求下降，导致电厂减少化石能源需求，从而碳排放量和碳排放配额需求下降，配额交易价格下跌。另外，在气候因素方面，雨量和风速的变化将会对水电、风电的发电量产生影响，间接影响化石能源电厂的发电量、化石能源需求量、碳排放量与配额需求量，并最终影响配额交易市场价格。

4.2 欧洲碳交易现货价格及影响因素分析

4.2.1 欧洲碳交易 EUA 现货价格波动分析

1. 欧洲碳交易 EUA 现货价格波动分析

根据数据的可得性，我们选择 BlueNext 交易所第一期、第二期 EUA 交易现货价格与 EEX 交易所第一期、第二期、第三期 EUA 交易现货价格分析欧洲碳交易 EUA 现货价格波动特点（见表 4-1）。相关数据来自于彭博（Bloomberg）数据库。

表 4-1　　欧洲碳交易 EUA 现货价格统计分析　　单位：欧元/吨

项目	平均值	中值	最大值	最小值	标准差	观察值
BlueNext 交易所第一期（2005/06/24—2008/04/25）	10.34	8.27	29.75	0.01	10.34	708
BlueNext 交易所第二期（2008/02/26—2012/12/04）	13.99	13.91	28.73	5.72	5.08	1187
EEX 交易所第一期（2005/03/09—2008/03/20）	12.24	14.65	29.70	0.01	9.88	707
EEX 交易所第二期（2009/01/16—2012/06/08）	12.67	13.41	16.84	6.06	2.85	860
EEX 交易所第三期（2012/10/26—2015/12/15）	6.02	6.07	8.63	2.65	1.46	594

资料来源：彭博数据库。

（1）第一期，BlueNext 交易所与 EEX 交易所的平均值分别为 10.34 欧元/吨、12.24 欧元/吨。价格最大值与最小值基本一致，平均值差异主要是由于分析数据的时间段不一致导致的；且代表价格波动幅度的标准差基本一致，BlueNext 交易所与 EEX 交易所分别为 10.34 欧元/吨、9.88 欧元/吨；另外从两个交易所的价格趋势来看（见图 4－1、图 4－2），在交易

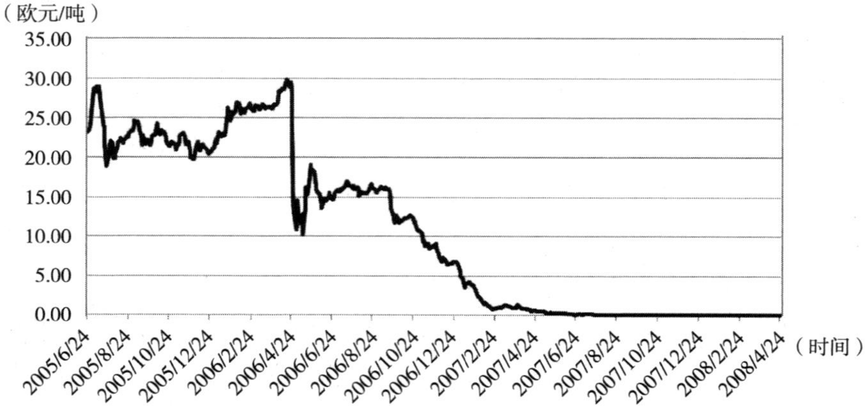

图 4－1　BlueNext 交易所 EUA 现货交易价格趋势（第一期）

资料来源：彭博数据库。

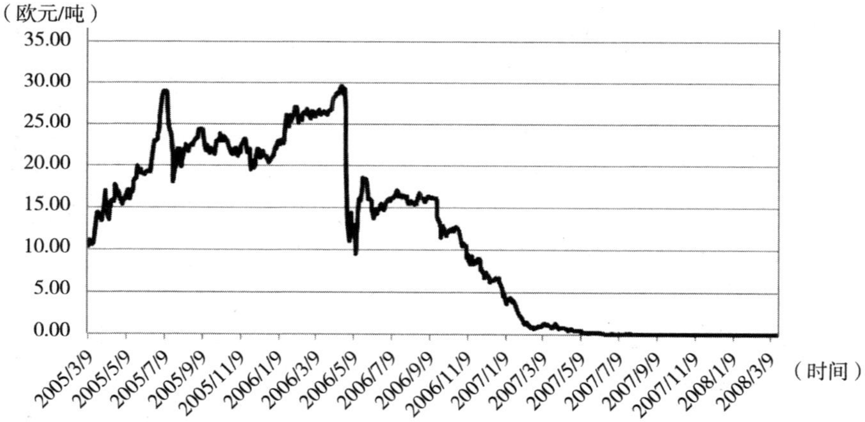

图 4－2　EEX 交易所 EUA 现货交易价格趋势（第一期）

资料来源：彭博数据库。

的后期，碳交易现货价格不断下降，并长期保持在 1 欧元/吨以下，甚至在最后阶段，基本在 0.1 欧元/吨以下。2006 年 6 月 26 日、2006 年 6 月 27 日价格有大幅的下降，两个交易所交易价格都从 20 欧元/吨以上下降到 15 欧元/吨左右。

第一期后期价格下降的原因是：EU ETS 处于试验阶段，碳排放配额分配经验明显不足，由于缺乏基础排放数据，同时各成员国都努力争取配额分配利益最大化，导致第一期实际配额供给量（每年约22.99亿吨）明显超过了实际排放量（年均约20.3亿吨），部分成员国分配到的排放配额远超实际排放量，导致市场配额供给严重过剩，碳市场受到非常大的打击。2006年4月，由于核准数据的泄露，EUA 现货交易价格迅速下跌。

（2）第二期，BlueNext 交易所与 EEX 交易所的平均值分别为10.34欧元/吨、12.24欧元/吨。BlueNext 交易所的交易价格最大值为28.73欧元/吨，最小值为5.08欧元/吨，EEX 交易所的交易价格最大值为16.84欧元/吨，最小值为6.06欧元/吨，价格波动幅度比第一期相对降低了很多，标准差分别为5.08、2.85。从价格趋势来看（见图4-3、图4-4），2008年10月前价格比较高，以后整体价格趋势是在波动中逐渐下降，从20欧元/吨以上，逐步下降到20欧元/吨以下，到10欧元/吨左右，到最后的5欧元/吨左右。

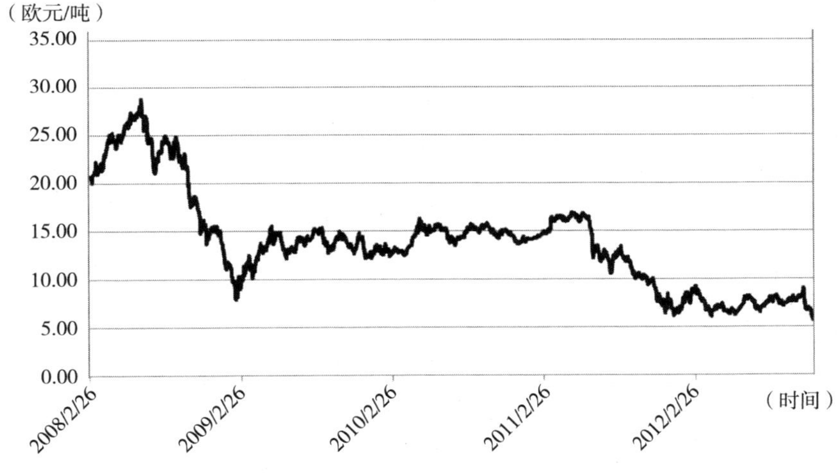

图4-3　BlueNext 交易所 EUA 现货交易价格趋势（第二期）

资料来源：彭博数据库。

第二期虽然将年度配额供给上限削减到了20.81亿吨，但从2008年第三季度交易价格开始下滑，主要原因是：该时期由于受到2008年全球金融危机和2010年欧债危机的影响，欧盟国家经济复苏乏力，能源消费下降，导致实际碳排放量下降，配额供给总量明显过剩，EU ETS 市场低迷。同

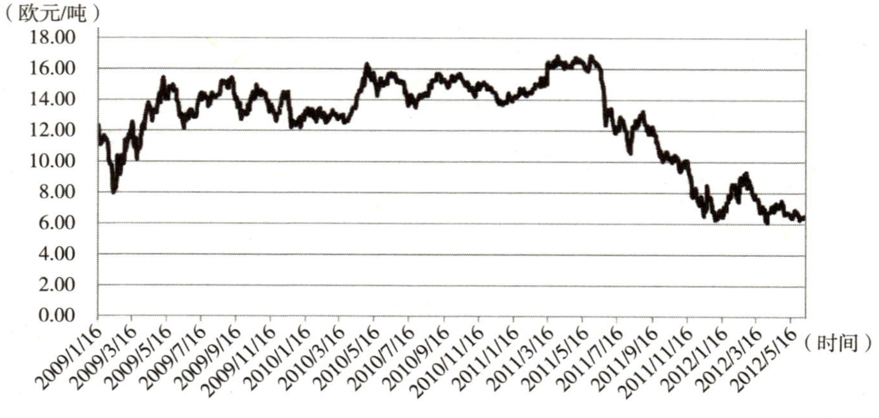

图4－4　EEX交易所EUA现货交易价格趋势（第二期）

资料来源：彭博数据库。

时，气候变化国际谈判的不确定性，也一定程度上导致碳交易价格在震荡中不断下降。同时，由于规定第二期的减排企业每年多余的EUA配额可用于下一年度使用或交易，但不能带入下一个交易期，也在一定程度上导致配额供给的过剩，交易价格低迷。

（3）第三期，EEX交易所的平均值为6.02欧元/吨，交易价格最大值为8.63欧元/吨，最小值为2.65欧元/吨，标准差仅为1.46欧元/吨（见图4－5）。目前来看，第三期配额剩余将更加突出，可能累计将达到20亿吨。

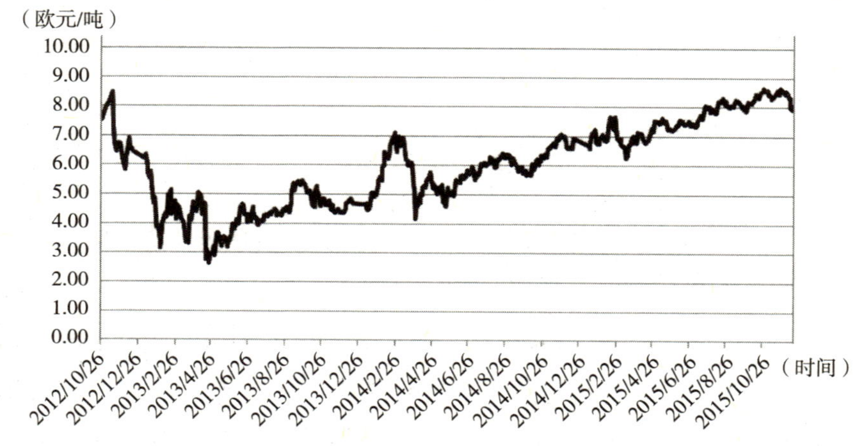

图4－5　EEX交易所EUA现货交易价格趋势（第三期）

资料来源：彭博数据库。

第三期，欧盟为了稳定碳交易市场体系，对交易机制实施了大幅度改革。扩大纳入减排体系的行业范围，扩大减排空间；强化市场价格信号作用，避免市场失灵，引导市场资本流动，降低减排成本，提高交易系统效率；逐步提高配额供给中拍卖的比例，提高配额供给的价格发现功能。

2. 欧洲碳交易 EUA 现货价格波动的启示

欧盟排放交易体系在最初的试验阶段存在诸多不足与缺陷，但经过十多年的发展，正在逐渐走向成熟与完善。作为一项公共政策，它在实施过程中需要协调 27 个成员国不同的利益需求并采取一致的行动。作为区域强制性碳交易市场体系，欧盟碳交易市场体系的运行还是成功的。

（1）建立了基于碳排放权稀缺性的价格机制。碳金融市场的价格形成机制与运行机制为碳交易市场的有效运行提供了基础保障，自 2003 年 EU ETS 创建以来，政府配额供给机制逐渐完善，参与碳减排行业的企业逐渐增加，二级市场金融产品与衍生品大量开发，越来越多的交易所、能源企业、控排企业、金融机构积极参与。目前充分反映碳排放市场供求关系的价格机制基本形成，价格作为最重要的信号，基本上反映了市场上碳排放权的稀缺程度，实现了碳排放权资源的优化配置。经济形势趋好，产出增加，化石能源需求增加，碳排放权的需求就增加，碳交易价格上升。同时碳交易价格对企业的低碳发展引导作用也越来越凸显出来，控排企业为了降低减排成本，积极采取应对措施，如技术创新、降低化石能源消费总量、开发清洁可再生能源等。

（2）在总量控制的交易机制下积累了丰富的减排经验。可以说总量控制的碳排放交易体系是一个新鲜事物，无先例可借鉴。欧盟碳排放交易体系作为先行者，一直在摸索中前行，通过解决交易体系运行过程中出现的问题，弥补缺陷，不断完善与优化交易体系，可以说积累了丰富的经验。如在碳排放配额供给过剩问题上，第一期由于企业减排数据的缺乏，各成员国为了自身利益，导致配额供给严重过剩，2005 年钢铁、造纸、电力等所有参与减排的行业配额供给量均过剩，有的行业供给过剩超过了实际排放量的 20%，导致碳交易市场价格波动剧烈，市场低迷，失去了对企业参与减排的引导与约束作用，因此，第二期欧盟碳排放交易体系削减了排放配额的供给数量。在企业碳排放基础数据库的建立上，第一期由于没有参与企业碳排放的基础数据，配额的分配很大程度上依赖于估计，导致分配过剩，经过第一期3年的发展，欧盟碳排放交易体系不断地收集参与减排行业企业的排放数据，并不断修正与完善。目前，已经建立了全面、完善的企业、行业、国家的碳排放数据库系统，为正确的碳交易政策制定与实施奠定了坚实的基础。在配额分配机制的不断优化方面，第一期为了降低企业的减排成本，吸引更多的企业参与碳减排，配额全部免费分配，很多电力企业并没有积极去抵消排放量，而是通过碳交易市场销售，获取利益。第二、第三期，在配额分配机制上，逐渐提高配额拍卖比例，并对电力行业设定了排放上限，迫使电力企业积极采取措施应对碳排放。

欧盟碳排放交易体系经过10多年的风雨考验，虽然问题与困难很多，但一直努力前行，并不断优化与完善。很多问题，尤其反复出现的价格剧烈波动问题，可能是其他碳排放交易市场体系所面临的共性问题，中国正在推进全国统一的碳交易市场体系建设，认真总结欧盟碳排放交易体系的问题与经验，对建立中国的碳交易市场体系具有极其重要的借鉴意义。

（1）注意配额供给的总量目标宽松与过剩问题，容易导致交易价格波动幅度大，交易价格下跌，市场低迷。EU ETS发展的三个阶段，都不同程度地出现了配额过剩、市场低迷的问题，因此，中国在建立碳排放交易市场时必须重视以下三个方面。第一，碳排放基础数据的重要性。科学的排放目标的制定需要准确基础数据支持，尤其是准确掌握温室气体排放行业企业的实际排放基础数据，以及编制准确的国家温室气体排放清单。因此，中国建立统一高效的碳排放交易体系，必须重视温室气体排放数据的统计工作，构建温室气体排放基础数据库。一方面掌握温室气体排放行业企业的实际排放数据；另一方面编制准确的行业、区域、国家的温室气体排放清单，为中国建立全国统一的碳排放交易市场体系提供决策支持。第二，碳排放相关量化目标的不确定性。可以说影响温室气体排放的因素是极其复杂的，如经济周期、能源生产与消费结构的发展变化、不可预见的气候因素等。因此，我国在建立全国的碳交易市场体系，如何科学、合理的设定碳排放相关控制目标也是一个需要认真研究的问题。第三，政治影响的作用。欧盟碳排放交易配额供给过程中，由于不同国家与企业的利益诉求不同，为了推行交易体系的顺利建立与发展，配额分配上以免费为主，配额供给严重过剩，通过宽松的政策，引导各主体积极参与碳交易市场体系。中国在建立全国统一的碳交易市场体系中，由于不同省份的经济发展水平、能源消费结构、碳排放结构等差异太大，省际的边际减排成本差异很大；不同行业的生产特性决定了行业的碳排放边际成本差异很大。因此，在推行过程中，势必受到不同省份与行业的利益诉求影响，需要在减排机制的设计上采取折中的考虑，实现整体减排效益最大化。

（2）注意充分发挥碳交易市场的价格调节作用，促进碳减排与碳减排技术的发展。欧盟碳排放交易体系的建设，直接目标是通过碳交易政策减少温室气体排放量，间接目标是通过碳交易市场的价格机制引导，促进企业实施低碳能源与技术投资，发展清洁可再生能源、降低化石能源消耗与排放，实现低碳发展。可以说，欧盟碳排放交易体系在第一期至第三期，一直存在配额供给过剩问题，导致碳交易价格整体偏低；同时由于受到金融危机与欧债危机的影响，经济增长乏力，在一定程度上导致了交易价格偏低，市场低迷。交易价格低位运行严重影响了清洁可再生能源与碳减排技术的投资，因此，欧盟亟须采取政策措施和市场手段，引导合理的碳交易价格运行水平。中国在建立全国统一的碳交易市场体系的过程中，也必须考虑引导建立合理的价格运行机制，确保碳减排目标实现的同时，促进低碳技术发展，全面发展低碳经济。

（3）分期、分步骤推进，通过“干中学”的方式建立与完善碳交易市场体系。碳交易市场体系作为一个新的事物，欧盟一直采取“干中学”、分期制定减排目标、分期扩大覆盖范围的方式推进。如在交易市场体系建设方面，欧盟一直处于不断试验、学习、发现问题、优化完善的过程；在排放目标的设定上，欧盟已经经历了第一期、第二期，目前第三期已接近尾声，欧盟明确表示，2020 年之后，欧盟将继续实施碳排放交易体系。因此，在中国建立全国统一的碳交易市场体系方面，通过 7 个试点省市的运行，不断积累自身经验的同时，也不断地借鉴欧盟与国外其他碳交易市场体系的运行经验。另外，在发展过程中也分期推进，不断完善优化总量控制目标、配额分配制度、市场监管制度，确保中国碳交易市场的平稳运行，实现低碳经济的发展目标。

4.2.2 欧洲碳交易EUA现货价格波动影响因素的实证分析

1. 模型建立

为了进一步深入认识欧盟碳交易市场EUA现货价格波动影响因素，我们将进行EUA现货价格波动影响因素的实证分析。根据4.1节的分析结果，碳交易市场现货价格波动将受到配额政策、减排技术、碳税政策、宏观经济、能源价格、金融市场、气候变化等众多供给与需求方面的因素影响。考虑到数据的可得性，我们主要选择了数据容易得到的宏观经济发展水平、金融市场、能源价格等对碳交易现货价格影响比较显著的几个因素进行实证分析。我们建立如下计量经济学分析方程：

$$y_t = \alpha + \beta_i x_{it} + \varepsilon_t \tag{4.1}$$

其中，y_t 代表碳交易现货价格时间序列数据（BlueNext第二期EUA现货交易价格收盘价、EEX交易所第二期EUA现货交易价格收盘价、EEX交易所第三期EUA现货交易价格收盘价）；x_{it} 代表影响碳排放现货价格影响因素数据（煤炭价格、石油价格与电力价格、法兰克福DAX股价指数、富时100股价指数、欧元区制造业PMI指数、欧元区18国经济景气指数）；ε_t 代表随机误差项。

2. 数据来源

（1）碳现货价格数据。为了进一步提高分析结果的准确性，根据碳交易现货价格数据的可得性，以及相关解释变量数据的可得性，我们选择尽可能多的碳交易现货价格作为解释变量指标，因此本书选取了BlueNext交易所第二期EUA现货交易价格收盘价（时间周期：2008年2月26日至2012年12月4日的交易日）、EEX交易所第二期EUA现货交易价格的收盘价（时间周期：2009年1月16日至2012年6月8日的交易日）、EEX交易所第三期EUA现货交易价格收盘价（时间周期：2012年10月26日至2015年12月15日交易日）分别作为被解释变量，相关数据来自彭博数据库。

（2）能源价格数据。能源价格我们主要考虑了煤炭价格、石油价格与电力价格。其中，煤炭价格选择了以动力煤为标的的一个月远期合约的

ARA 到岸价（steam coal CIF ARA forward month 1）的交易日收盘价；石油价格选择布伦特原油期货结算价；电力价格选择了德国电力基本负荷一个月远期合约（germany power baseload forward month 1）的交易日收盘价。煤炭价格与电力价格数据来自彭博数据库，石油价格数据来自万德（Wind）数据库。

（3）股票价格指数。我们选择了在欧洲与世界上比较有影响的法兰克福 DAX 股价指数、富时 100 股价指数，相关数据来自万德数据库。

（4）欧洲经济发展数据。我们选择了欧元区制造业 PMI 指数、欧元区 18 国经济景气指数，相关数据来自万德数据库。

3. 实证分析结果

表 4 - 2 为 BlueNext 交易所第二期 EUA 现货价格作为被解释变量的碳现货价格影响因素计量分析结果。其中，方程 1 为碳现货交易价格对所有解释变量的计量经济学线性回归结果；方程 2 为剔除回归不显著的解释变量的回归结果。作为时间序列变量，碳现货价格计量回归的自相关性是显著的，因此，我们采取广义差分 OLS 估计回归参数。

表 4 - 2　BlueNext 交易所 EUA 现货价格影响因素计量分析结果（第二期）

变量	方程 1		方程 2	
	相关系数（t 统计量值）	概率值	相关系数（t 统计量值）	概率值
煤炭价格	0. 01745 （3. 7614）	0. 0002	0. 0175 （3. 7609）	0. 0002
石油价格	0. 0234 （3. 771）	0. 0002	0. 0170 （2. 8672）	0. 0042
电力价格	0. 0442 （5. 1000）	0. 0000	0. 0461 （5. 3291）	0. 0000
DAX 指数	0. 0006 （2. 6315）	0. 0086	0. 0008 （6. 7115）	0. 0000

续表

变量	方程 1		方程 2	
	相关系数（t 统计量值）	Prob.	相关系数（t 统计量值）	Prob.
FS100 指数	0.0001 (0.3136)	0.7539		
欧元区经济景气指数	-0.0184 (-0.6215)	0.5344		
欧元区制造业 PMI	0.0662 (1.4246)	0.1546		
一阶自回归(AR (1))	1.0645	0.0000	1.0683	0.0000
二阶自回归(AR (2))	-0.0658	0.0569	-0.0698	0.0413
拟合优度（R^2）	0.9957		0.9956	
DW 统计量	1.9770		1.9720	

实证分析结果显示，方程 1 与方程 2 的 R^2 分别为 0.9957、0.9956，方程整体拟合度很好；煤炭价格、石油价格、电力价格与碳现货价格都存在正相关关系，且相关系数的 t 统计量值显著。法兰克福 DAX 股价指数与碳交易现货价格存在正相关关系，且相关系数的 t 统计量值显著。FS100 指数、欧元区经济景气指数、欧元区制造业 PMI 等解释变量都未通过 t 统计量检验。表 4-3 残差序列的拉格朗日乘数检验（lagrange multiplier，LM），结果显示残差序列不存在序列相关。

表 4-3　BlueNext 交易所 EUA 现货价格影响因素统计分析残差序列的 LM 检验结果（第二期）

方程	统计量		概率值	
方程 1	F 统计量	1.9106	Prob. F（2，873）	0.1486
	T×R^2统计量	3.4596	Prob. Chi-Square（2）	0.1773
方程 2	F 统计量	1.2771	Prob. F（2，889）	0.2794
	T×R^2统计量	2.5646	Prob. Chi-Square（2）	0.2774

表 4-4 为以 EEX 交易所第二期 EUA 现货价格作为被解释变量的现货

价格影响因素计量分析结果。其中，方程1为碳现货交易价格对所有解释变量的计量经济学线性回归结果；方程2为剔除回归不显著的解释变量的回归结果。作为时间序列变量，碳现货价格计量回归的自相关性是显著的，因此，我们采取广义差分OLS估计回归参数。

表4-4　EEX交易所EUA现货价格影响因素计量分析结果（第二期）

变量	方程1		方程2	
	相关系数（t统计量值）	概率值	相关系数（t统计量值）	概率值
煤炭价格	0.026102 (3.39710)	0.0007	0.027371 (3.5538)	0.0004
石油价格	0.014635 (2.1016)	0.0359	0.013105 (1.9276)	0.0543
电力价格	0.058416 (6.0485)	0.0000	0.055922 (5.8062)	0.0000
DAX指数	0.000951 (3.8953)	0.0001	0.000741 (5.8600)	0.0000
FS100指数	-0.000422 (-1.2047)	0.2287		
欧元区经济景气指数	0.037207 (1.0921)	0.2752		
欧元区制造业PMI	0.029347 (0.6716)	0.5020		
一阶自回归（AR（1））	1.102719	0.0000		
二阶自回归（AR（2））	-0.103588	0.0065		
拟合优度（R^2）	0.9907		0.9906	
DW统计量	1.9937		1.9919	

实证分析结果显示，方程1与方程2的R^2分别为0.9907、0.9906，方程整体拟合度很好；煤炭价格、石油价格、电力价格与碳现货价格都存在正相关关系，且相关系数的t统计量值显著。法兰克福DAX股价指数与碳交易现货价格存在正相关关系，且相关系数的t统计量值显著。FS100指

数、欧元区经济景气指数、欧元区制造业 PMI 等解释变量都未通过 t 统计量检验。表 4－5 残差序列的 LM 检验结果显示残差序列不存在序列相关。

表 4－5　EEX 交易所 EUA 现货价格影响因素统计分析残差序列的 LM 检验结果（第二期）

方程	统计量		概率值	
方程 1	F 统计量	1.3892	Prob. F（2，689）	0.2500
	T × R^2统计量	2.4567	Prob. Chi－Square（2）	0.2928
方程 2	F 统计量	1.4504	Prob. F（2，692）	0.2352
	T × R^2统计量	2.9098	Prob. Chi－Square（2）	0.2334

表 4－6 为以 EEX 交易所第三期 EUA 现货价格作为被解释变量的现货价格影响因素计量分析结果。其中，方程 1 为碳现货交易价格对所有解释变量的计量经济学线性回归结果；方程 2 为剔除回归不显著的解释变量的回归结果。作为时间序列变量，碳现货价格计量回归的自相关性是显著的，因此，我们采取广义差分 OLS 估计回归参数。

表 4－6　EEX 交易所 EUA 现货价格影响因素计量分析结果（第三期）

变量	方程 1		方程 2	
	相关系数（t 统计量值）	概率值	相关系数（t 统计量值）	概率值
煤炭价格	－0.0264 （－2.4594）	0.0144	－0.0273 （－2.5920）	0.0099
石油价格	－0.0154 （－2.1737）	0.0304	－0.0179 （－2.865585）	0.0044
电力价格	0.0432 （2.6515）	0.0084	0.0402 （2.4917）	0.0132
DAX 指数	0.0002 （1.2458）	0.2137		
FS100 指数	－6.14E－05 （－0.2172）	0.8282		
欧元区经济景气指数	0.1812 （5.3085）	0.0000	0.1888 （6.1054）	0.0000

续表

变量	方程1		方程2	
	相关系数（t 统计量值）	概率值	相关系数（t 统计量值）	概率值
欧元区制造业 PMI	-0.2275 (-3.2663)	0.0012	-0.2116 (-3.2155)	0.0014
一阶自回归 (AR(1))	0.9721	0.0000	0.9700	0.0000
二阶自回归 (AR(2))	-0.1703	0.0318	-0.1632	0.0376
三阶自回归 (AR(3))	0.1113	0.0461	0.1062	0.0560
拟合优度（R^2）	0.9747		0.9749	
DW 统计量	1.8875		1.8770	

表4-6的实证分析结果显示，方程1与方程2的 R^2 分别为0.9747、0.9749，方程整体拟合度很好；煤炭价格、石油价格、电力价格与碳现货价格都存在正相关关系，且相关系数的 t 统计量值显著。欧元区经济景气指数与欧元区制造业 PMI 指数变量回归系数显著，但欧元区经济景气指数与碳现货价格存在正相关关系，而欧元区制造业 PMI 指数与碳现货价格存在负相关关系。法兰克福 DAX 股价指数、FS100 指数等解释变量都未通过 t 统计量检验。表4-7残差序列的 LM 检验结果显示残差序列不存在序列相关。

表4-7　EEX 交易所 EUA 现货价格影响因素统计分析残差序列的 LM 检验结果（第三期）

方程	统计量		概率值	
方程1	F 统计量	1.5420	Prob. F (2, 356)	0.2154
	T×R^2统计量	3.1600	Prob. Chi-Square (2)	0.2060
方程2	F 统计量	1.8096	Prob. F (2, 361)	0.1652
	T×R^2统计量	3.6820	Prob. Chi-Square (2)	0.1587

综合以上两个交易市场、三期样本数据的实证检验结果，本节得到以下结论：

（1）在能源市场方面，煤炭价格、石油价格、电力价格与碳排放配额现货交易价格都存在正相关关系，说明能源市场是影响碳交易现货市场价格波动的重要因素，当市场对能源需求增加，能源价格上升，由此碳排放量增加，市场对碳排放配额的需求增加，配额交易价格上升。

（2）在金融市场方面，BlueNext 交易所第二期 EUA 现货价格、EEX 交易所第二期 EUA 现货价格与法兰克福 DAX 股价指数存在正相关关系，EEX 交易所第三期 EUA 现货价格与法兰克福 DAX 股价指数相关关系未通过 t 统计量检验。在 BlueNext 交易所第二期 EUA 现货价格、EEX 交易所第二期 EUA 现货价格、第三期 EUA 现货价格检验中，FS100 指数都未通过 t 统计量检验，说明股票金融市场与碳金融市场 EUA 现货价格的关系在不同的交易时期，不同的交易所存在不一致的关系。其原因可能是碳交易市场体系建设不完善，EU ETS 建设一直在摸索中前进，在配额供给方面不断地完善优化，碳金融市场现货价格波动较大，与其他金融市场的相关关系不太显著。

（3）在代表宏观经济水平的欧元区经济景气指数、欧元区制造业 PMI 影响因素方面，BlueNext 交易所第二期 EUA 现货价格、EEX 交易所第二期 EUA 现货价格与欧元区经济景气指数、欧元区制造业 PMI 等解释变量的相关关系，都未通过 t 统计量检验；EEX 交易所第三期 EUA 现货价格与欧元区经济景气指数存在正相关关系，与欧元区制造业 PMI 指数存在负相关关系。进一步说明了碳交易市场的不成熟，在不同的交易所、交易时期，碳金融市场 EUA 现货价格与代表宏观经济变量的关系不稳定。

4.3 中国碳交易现货价格及影响因素分析

4.3.1 中国碳交易现货价格分析

中国碳交易试点省市目前包括北京、上海、天津、深圳、广东、湖北、重庆 7 个省市，试点省市的碳交易市场在 2013 年或 2014 年初基本全部启动（重庆除外）。表 4－8 分析了中国碳交易试点省市碳排放配额交易现货价格。

表4-8　　中国试点省市碳排放配额交易价格统计分析　单位：元/吨

地区	平均值	中值	最大值	最小值	标准差	观察值
北京	52.16	52.35	77.00	33.60	6.19	329
上海	31.13	32.45	44.91	9.50	7.37	323
天津	26.49	25.10	50.11	11.20	5.83	368
深圳	53.73	44.01	122.97	21.47	19.20	540
广东	32.86	23.65	77.00	14.00	19.56	295
湖北	24.26	24.13	28.01	20.03	1.22	386
重庆	17.45	16.88	30.74	10.40	4.90	26

资料来源：万德数据库，数据起始时间为各交易试点省市交易所的启动时间，数据截止时间为2015年12月2日。

结果显示：

深圳与北京的碳交易价格最高，平均值分别为53.73元/吨、52.16元/吨；其次为广东与上海；重庆的碳交易平均价格最低。

从标准差来看，广东与深圳的碳交易现货价格波动幅度最大，广东碳配额的交易历史最高为77元，最低为14元/吨；深圳历史最高价曾达到122.97元/吨，最低价为21.47元/吨；湖北碳配额交易价波动幅度最小，历史最高价为28.01元/吨，最低价为20.03元/吨。

总体上中国7个交易试点省市的配额交易价格差异比较大，由于各个交易试点省市的经济发展水平、配额分配情况、交易制度等情况不一，各地的交易价格差异比较大，但从交易价格走势来看，随着碳交易市场的逐渐成熟，交易价格有逐渐趋于一致的趋势。

但中国碳交易市场刚起步，在价格机制方面还存在很多问题。

（1）中国碳交易市场的活跃程度不高。从表4-9的分析结果看，各试点省市启动碳排放配额交易以来，湖北与深圳试点的交易活跃度比较高，但其他五个试点省市的交易活跃度整体不是很高，基本都在70%左右，重庆最低，甚至有效交易日占整个交易日的比例还不到10%。整体来看，中国碳交易试点省市的碳交易市场活跃度不高，其原因主要在配额分配机制上。虽然几个试点省市参与减排的企业所属的行业及企业规模差异比较大，但配额分配主要集中在所在省市的大型能源企业以及能源消费密集型相关行业，如钢铁、电力等企业。例如，上海 2013 年配额的 70% 分配于宝钢集团、华能集团和申能集团等少数企业，其他企业配额不到 30%。大型企业本身排放配额就很紧张，为了确保完成履约任务，参与市场交易的程度很低，导致整个市场配额流动性不足，交易的活跃程度比较低。

表 4-9　　中国试点省市碳排放配额交易活跃度

项目	北京	上海	天津	深圳	广东	湖北	重庆
交易日	491	489	472	559	477	392	357
有效交易日	328	323	367	540	295	386	26
有效交易日占比（%）	67.01	66.05	77.75	96.60	61.84	98.47	7.28

资料来源：万德数据库，数据起始时间为各交易试点省市交易所的启动时间，数据截止时间为 2015 年 12 月 2 日。

（2）中国尚未真正建成以市场为基础的价格机制。碳交易价格本应该是碳市场的晴雨表，碳价格主要受减排政策、配额分配、经济波动、能源价格、减排技术水平、市场基本面等因素影响。目前，国内几个试点交易所碳交易价格的波动并没有真实反映出碳交易市场的供需情况，也没有反映出真正的减排成本，多数价格情况是政策导向和人为操作的结果。

4.3.2　面板数据计量模型理论

本节将通过面板数据模型实证分析中国碳排放配额交易价格影响因素。因此，首先参考高铁梅（2006）、李子奈与叶阿忠（2000）等的研究成果，简要介绍面板数据计量模型理论。

1. 面板数据的定义

根据被描述对象个体与时间的关系，我们可以将统计数据分为截面数据与时间序列数据。截面数据描述的是在相同的时间点上收集到的不同的对象个体的数据，即变量在截面空间上的数据，主要描述不同横截面的变量在某一时间点上的变化情况；而时间序列数据是描述同一横截面的变量在纵向不同的时间点的变化情况。单独研究截面数据或时间序列数据都是一维数据。面板数据就是将截面数据与时间序列数据混合在一起的数据，在横截面上，包括若干个分析样本在某一时刻的观察数据；在纵剖面上，包含每一个截面个体的时间序列观测数据。

面板数据的表示方法为：

$$y_{i,t}\ ,\ i = 1,2,\cdots,N\ ,\ t = 1,2,\cdots,T \tag{4.2}$$

其中，N 代表面板数据包含的截面个体数，T 代表截面个体在纵剖面上观测值的时间长度。假设时间 t 不变，$[\,y_{i,\cdot}\,]$（$i = 1,2,\cdots,N$）代表横截面上的 N 个个体的随机变量观测值；假设截面个体 i 不变，$[\,y_{\cdot,t}\,]$（$t = 1,2,\cdots,T$）代表纵剖面上某一个体时间序列观测值。

对于面板数据 $y_{i,t}$，（$i = 1,2,\cdots,N\ ,\ t = 1,2,\cdots,T$）可分为平衡面板数据与非平衡面板数据。平衡面板数据，指数据从纵剖面看，每个截面个体在时间序列上的每期都有观测值；从横截面看，每个时间节点上，所有截面个体变量都有观测值。如果在横截面或纵剖面丢失部分观测值，则为非平衡面板数据。

2. 面板数据计量模型分类

由于面板数据，既包含了横截面的样本观测值，又包含纵剖面的时间序列数据信息，因此，可以建立计量模型研究更为复杂的样本行为。面板数据计量模型的基本形式是：

$$y_{it} = \alpha + x_{it}\beta_{it} + \delta_i + \gamma_t + \varepsilon_{it}, i = 1,2,\cdots,N, t = 1,2,\cdots,T \tag{4.3}$$

其中，y_{it} 代表时间 t 个体 i 的观测值；x_{it} 代表面板回归模型解释变量数据；α 为面板回归模型常数项；δ_i 为面板回归模型截面的随机或固定效应系数；γ_t 为面板回归模型时期的随机或固定效应系数；β_{it} 为解释变量系数；ε_{it} 代表独立同分布的随机误差项，即 $E(\varepsilon_{it}) = 0$。其中，β_{it} 系数分为三类：（1）所有的截面与时期系数都相同；（2）不同时期有不同的系数；（3）不同截面有不同的系数。

模型（4.3）中，将 δ_i 和 γ_i 归入截距里，通常有三种形式：

形式1：$\alpha_i = \alpha_j, \beta_i = \beta_j$ （4.4）

形式2：$\alpha_i \neq \alpha_j\ , \beta_i = \beta_j$ （4.5）

形式3：$\alpha_i \neq \alpha_j\ , \beta_i \neq \beta_j$ （4.6）

（1）形式1：假设每个个体成员回归方程的截距项和系数项均相同。

即假设横截面既不受个体的影响，也不存在结构的变化，我们称之为混合模型。混合回归模型可直接采用普通最小二乘法估计参数，表达形式如下：

$$y_i = \alpha + x_i\beta + u_i, i = 1,2,\cdots,N \tag{4.7}$$

（2）形式2：假设每个个体成员方程的截距项不同，系数项相同。即假设在回归方程存在成员上的个体影响，但不存在结构变化，我们称之为变截距模型。从估计方法角度，该模型也被称为个体均值修正回归模型。表达形式如下：

$$y_i = \alpha_i + x_i\beta + u_i, i = 1,2,\cdots,N \tag{4.8}$$

（3）形式3：假设每个个体成员方程的截距项和系数项均不相同。即模型既存在成员的个体影响，还存在结构的变化。个体影响可用不同的截距表示，结构差异可用不同的回归系数表示，我们称该模型为变系数模型。表达形式如下：

$$y_i = \alpha_i + x_i\beta_i + u_i, i = 1,2,\cdots,N \tag{4.9}$$

3. 面板数据计量模型检验原理

面板数据计量模型包含了个体、时间与指标三维信息，模型类型的选择，对分析结果影响很大。因此，建立面板数据模型首先要选择模型类型。面板数据模型包括混合模型、变截距模型或变系数模型三类，主要通过协方差分析检验选择模型的类型。具体假设如下：

假设1：$H_1: \beta_1 = \beta_2 = \cdots = \beta_N$ (4.10)

假设2：$H_2: \begin{matrix} \alpha_1 = \alpha_2 = \cdots = \alpha_N \\ \beta_1 = \beta_2 = \cdots = \beta_N \end{matrix}$ (4.11)

如果假设2通过检验，样本数据适合建立混合模型，无须继续检验。如果假设2未通过检验，继续进行假设1检验；如果假设1通过检验，样本数据符合建立变截距模型；如果假设1未通过检验，样本数据适合建立变系数模型。

假设检验F统计量的计算方法如下：

$$\bar{y}_i = \frac{1}{T}\sum_{i=1}^{T} y_{it}, \bar{x}_i = \frac{1}{T}\sum_{i=1}^{T} x_{it} \tag{4.12}$$

对模型 $y_{it} = \alpha_i + x_{it}\beta_i + u_{it}$ ，$i = 1,2,\cdots,N$ ，$t = 1,2,\cdots,T$ ，参数进行

最小二乘法估计，得到：

$$w_{xx,i} = \sum_{t=1}^{T} (x_{it} - \bar{x}_i)'(x_{it} - \bar{x}_i), w_{xy,i} = \sum_{t=1}^{T} (x_{it} - \bar{x}_i)(y_{it} - \bar{y}_i),$$

$$w_{yy,i} = \sum_{t=1}^{T} (y_{it} - \bar{y}_i)^2 \tag{4.13}$$

则模型（4.9）的残差平方和为：

$$S_1 = \sum_{i=1}^{N} (w_{yy,i} - w'_{xy,i} w_{xx,i}^{-1} w_{xy,i}) \tag{4.14}$$

计算模型（4.8）的残差平方和，记：

$$w_{yy} = \sum_{i=1}^{N} w_{yy,i}, w_{xy} = \sum_{i=1}^{N} w_{xy,i}, w_{xx} = \sum_{i=1}^{N} w_{xx,i} \tag{4.15}$$

则模型（4.8）残差平方和为：

$$S_2 = w_{yy} - w'_{xy} w_{xx}^{-1} w_{xy} \tag{4.16}$$

计算模型（4.7）的残差平方和，记：

$$T_{xx} = \sum_{i=1}^{N} \sum_{t=1}^{T} (x_{it} - \bar{x})'(x_{it} - \bar{x}), T_{xy} = \sum_{i=1}^{N} \sum_{t=1}^{T} (x_{it} - \bar{x})(y_{it} - \bar{y}),$$

$$T_{yy} = \sum_{i=1}^{N} \sum_{t=1}^{T} (y_{it} - \bar{y})^2 \tag{4.17}$$

其中，$x = \frac{1}{NT}\sum_{i=1}^{N} \sum_{t=1}^{T} x_{it}, y = \frac{1}{NT}\sum_{i=1}^{N} \sum_{t=1}^{T} y_{it}$，则模型（4.7）残差平方和为：

$$S_3 = T_{yy} - T'_{xy} T_{xx}^{-1} T_{xy} \tag{4.18}$$

在假设 H_2 下检验统计量 F_2 服从相应自由度下的 F 分布，即：

$$F_2 = \frac{(S_3 - S_1)/[(N-1)(k+1)]}{S_1/[NT - N(k+1)]} \sim F[(N-1)(k+1), NT - N(K+1)] \tag{4.19}$$

若统计量 F_2 的值大于或等于给定置信区间下的临界值，则拒绝 H_2 假设；检验 H_1 假设，统计量 F_1 也服从 F 分布。

$$F_1 = \frac{(S_2 - S_1)/[(N-1)k]}{S_1/[NT - N(k+1)]} \sim F[(N-1)k, NT - N(K+1)] \tag{4.20}$$

若统计量 F_1 的值大于或等于给定置信区间下的临界值，则拒绝 H_1 假设，面板数据采用变系数模型；反之，则用变截距模型。

在实际应用中，比较常用的是变截距模型和变系数模型。在此，主要简单介绍这两类模型。

（1）变截距模型。在经济管理研究中，变截距模型被广泛地应用。根据解释变量与未观测效应 α_i 的相关情况，变截距模型分为随机影响变截距模型与固定影响变截距模型。

第一，固定影响变截距模型。固定影响变截距模型为每个截面成员估计不同常数项 α_i 。EViews 软件在回归过程中，将每个解释变量减去其平均值，采用转换后的数据，运用最小二乘法估计固定影响系数。

$$\hat{\beta}_{fe} = \left[\sum_{i=1}^{N} \sum_{t=1}^{T} (x_{it} - \bar{x}_i)'(x_{it} - \bar{x}_i) \right]^{-1} \left[\sum_{i=1}^{N} \sum_{i=1}^{T} (x_{it} - \bar{x}_i)'(y_{it} - \bar{y}_i) \right] \tag{4.21}$$

其中，$\bar{y}_i = \sum_t y_{it}/T$, $\bar{x}_i = \sum_t x_{it}/T$, $x_{it} = (x_{i,t1} x_{i,t2} \cdots x_{i,tk})_{1\times k}$。

固定影响本身不是直接估计的，计算公式为：

$$\hat{\alpha}_i = \bar{y}_i - \bar{x}_i \hat{\beta}_{fe} \text{ , } i = 1,2,\cdots,N \tag{4.22}$$

第二，随机影响变截距模型。估计过程中，假设系数 α_{it} 是不随时间改变的截面效应 v_i 与模型共同系数 α 之和，且 v_i 与残差 u_i 不相关。

$$y_i = \alpha + v_i + x_i\beta + u_i \text{ , } i = 1,2,\cdots,N \tag{4.23}$$

为了分析方便，可将模型表示为：

$$Y = \hat{X}\delta + w \tag{4.24}$$

其中，$\hat{X}_i = (e, x_i)_{T\times(k+1)}$,$\delta = (\alpha, \beta')'$,$w_i = v_i + u_i$ 。

（2）变系数模型 。然而在现实的经济中，面板数据模型既存在截面成员个体影响的差异，又存在经济结构的差异，导致变截距模型难以完全解释。因此，需要通过变系数模型来分析。变系数模型基本形式如式（4.9）所示：

$$y_i = \alpha_i + x_i\beta_i + u_i \text{ , } i = 1,2,\cdots,N$$

其中，y_i 为被解释变量向量，x_i 为 $T\times k$ 维的解释变量矩阵，α_i 表示变系数模型的截距项，β_i 表示变系数模型的系数向量，u_i 为随机误差项。

在变系数模型中，对于不同的截面个体，截距项 α_i 和系数向量 β_i 都不同。因此也可以表示为：

$$y_i = \hat{x}_i\delta_i + u_i \text{ , } i = 1,2,\cdots,N \tag{4.25}$$

其中，$\hat{x}_i = (1, x_i)$　$\delta_i = (\alpha, \beta')'$。

与变截距模型一样，变系数模型也分为随机影响模型和固定影响模型，在此不做详细介绍。

4. 非平衡面板数据计量模型

面板数据由于信息量大、变异性高、变量间共线性弱等优点，被学者广泛应用于实证研究中。大部分面板数据模型，在分析样本中截面个体与时间序列数据都是完整的，我们一般称其为平稳面板数据计量模型。但当在某些截面个体缺乏观察数据，或者样本在某个时间段后有新的样本个体加入，导致在分析样本中截面个体的时间序列数据不是全部一致的，这种情况下的面板数据我们称其为非平衡面板数据。可能在我们的日常研究中，遇到更多的是非平衡面板数据样本，因为非平衡面板数据更符合经济管理的实际情况。但对于非平衡面板数据的研究样本，如果我们选择其中的平稳观察值，将会损失样本容量，降低估计的效果，如果人为地剔除部分数据，也将破坏数据的随机性。因此，我们需要研究非平衡面板数据与平衡面板数据之间的差异，考虑非平衡面板数据如何进行计量模型估计。在此我们引用吴勇与林悦（2013）的研究成果，对非平衡面板数据计量模型理论进行简单介绍。

面板数据计量模型一般表达公式为：

$$Y_{it} = \alpha + X'_{it}\beta + \mu_i + v_{it} \text{ , } i = 1,2,\cdots,N \text{ , } t = 1,2,\cdots,T \tag{4.26}$$

其中，i 和 t 分别代表横截面个体和纵剖面时间，N 代表截面个体数，T 代表纵剖面时间序列维数，α 为回归常数项，β 为解释变量系数，X_{it} 为解释变量观测值，μ_i 为截面效应系数，v_{it} 为随机扰动。平衡面板数据模型一般有两种估计方法：（1）固定效应模型法，μ_i 与解释变量相关，将所有变量进行去均值处理，然后再进行估计；（2）随机效应模型法，μ_i 与解释变量不相关。对于固定效应模型法，将（4.26）式两边对时间取平均，可得组间回归式：

$$\overline{Y}_i = \alpha + \overline{X'}_i\beta + \mu_i + \bar{v}_i \tag{4.27}$$

式（4.26）减去式（4.27）得离差形式的组内回归式：

$$Y_{it} - \overline{Y}_i = (X_{it} - X_i)'\beta + (v_{it} - \bar{v}_i) \tag{4.28}$$

非平衡面板数据，固定效应模型仍然有效。式（4.28）由于已将μ_i消去，因此，只要（$X_{it} - \overline{X}_i$）′和（$v_{it} - \bar{v}_i$）不相关，就可采用最小二乘法一致估计β。

非平衡面板数据随机效应模型估计中，同一个体扰动项在不同时间点存在自相关，即：

$$\rho = Corr(\mu_i + v_{it}, \mu_i + \mu_{is}) = \sigma_\mu^2/(\sigma_\mu^2 + \sigma_v^2) \qquad t \neq s \tag{4.29}$$

因此，随机效应模型首先通过最小二乘法的残差来估计$\sigma_\mu^2 + \sigma_v^2$，用固定效应模型的残差估计$\sigma_v^2$，然后通过广义最小二乘法估计原模型，即用最小二乘法来估计下面的广义离差模型：

$$Y_{it} - \hat{\theta}\,\overline{Y}_i = (X_{it} - \hat{\theta}\,\overline{X}_i)\beta + [(1 - \hat{\theta})\mu_i + (v_{it} - \hat{\theta}\,\bar{v}_t)] \tag{4.30}$$

其中，$\hat{\theta}$是$\theta = 1 - \sigma_v/(T\sigma_\mu^2 + \sigma_v^2)^{1/2}$的一致估计值。

对于非平衡面板数据，只需$\theta = 1 - \sigma_v/(T\sigma_\mu^2 + \sigma_v^2)^{1/2}$，可以采用广义最小二乘法。非平衡面板数据的单因素误差回归模型可表示为：

$$Y_{it} = \alpha + X'_{it}\beta + \mu_{it}, \mu_{it} = \mu_i + v_{it}, i = 1,2,\cdots,N, t = 1,2,\cdots,T \tag{4.31}$$

该模型的向量表示公式为：

$$Y = \alpha\lambda_n + X\beta + u = Z\delta + u$$

$$u = Z_\mu\mu + v \tag{4.32}$$

其中，Z和Y分别为$n \times k$与$n \times 1$维矩阵，$Z = (\lambda_n, X)$，$\delta' = (\alpha, \beta')$，$n = \sum T_i$，$Z_\mu = diag(\lambda_{T_i})$，$\lambda_{T_i}$是元素为1的$T_i$向量。

非平衡面板数据模型中方差分析法仍然可用，并且具有无偏性。方差分析法计算的组内和组间平方和的二次型可表示为：

$$q_1 = u'Qu, q_2 = u'Pu \tag{4.33}$$

其中，$Q = diag[E_{T_i}], P = diag[\bar{J}_{T_i}], \overline{J_{T_i}} = J_{T_i}/T_i, E_{T_i} = I_{T_i} - \overline{J_{T_i}}, J_{T_i}$代表$T_i \times n_j$维元素为1的矩阵。$I_{T_i}$代表$T_i$阶单位矩阵。通过组内与组间两段回归估计方差分量，将组内与组间方差代入式（4.33）中的q_1和q_2，由此得到$\hat{q}_1 = \hat{u}'Q\,\hat{u}, \hat{q}_2 = \hat{u}'P\hat{u}, \hat{q_1}$和$\hat{q_2}$的期望值为：

$$E(\hat{q}_1) = (n - N - K + 1)\sigma_v^2$$

$$E(\hat{q}_2) = [n - tr((Z'PZ)^{-1}Z'Z_\mu Z'_\mu Z)]\sigma_\mu^2 + (N - K)\sigma_v^2 \quad (4.34)$$

令式（4.34）的 $\hat{q}_i$ 与其期望值 $E(\hat{q}_i)$ 相等，由此，可得方差分量的 Swamy-Arora 估计量：

$$\hat{\sigma}_v^2 = \hat{u}'Q\hat{u}/(n - N - K + 1)$$

$$\hat{\sigma}_\mu^2 = (\hat{u}'P\hat{u} - (n - K)\hat{\sigma}_v^2/[n - tr((Z'PZ)^{-1}Z'Z_\mu Z_\mu'Z)] \quad (4.35)$$

同时，极大似然估计方法可以对非平衡面板数据随机效应模型的方差组合进行估计，其对数似然函数为：

$$\ln L = -(n/2)\ln(2\pi) - (n/2)\ln\sigma_v^2 - 0.5\ln\left|\sum\right| - (Y - Z\delta)'\sum{}^{-1}(Y - Z\delta)/2\delta_v^2 \quad (4.36)$$

其中，$\sum = I_n + \rho Z_\mu Z'_\mu = diag(E_T) + diag[(1 + \rho T_i)\overline{J_i}], \rho = \sigma^2\mu/\sigma_v^2, \rho$ 的一阶条件是非线性的，可通过迭代法对参数估计。

4.3.3　中国碳交易现货价格影响因素的实证分析

1. 面板数据计量模型构建

本节从供给与需求两方面建立计量经济学非平衡面板数据模型，分析中国碳交易现货价格影响因素。供给方面主要考虑国家层面、试点省市层面有关的碳交易制度、配额分配、履约情况、交易情况等相关信息。需求方面主要考虑了宏观经济发展水平、能源价格因素与气候因素。建立的面板数据计量模型如下：

$$y_{it} = \alpha_i + \beta_i^j x_{it}^j + \varepsilon_{it}^j \quad (4.37)$$

其中 $i = 1, 2, 3, 4, 5, 6$，分别代表北京、天津、上海、深圳、广东、湖北六个交易所；$j = 1, 2, 3, 4, 5$，分别代表政策变量、宏观社会经济（上证综合指数、采购经理人指数）、能源价格（煤炭价格）、气候因素（温度）等解释变量；y_{it} 代表交易所第 t 天的碳交易现货价格（收盘价）；x_{it}^j 代表价格波动的影响因素变量；ε_{it}^j 代表随机误差项。

2. 数据来源

碳排放价格数据来自中国实施碳交易的6个试点省市（北京、天津、上海、深圳、广东、湖北）的碳排放配额交易价格数据，重庆由于交易数据太少，本书不做考虑。碳排放配额交易价格为6个交易试点省市交易所交易日的收盘价，时间周期的起始时间为各交易所启动时间，截止时间为2015年12月2日。

供给方面的数据，我们总结为政策变量，主要来自国家与碳交易试点省市的交易制度、配额分配、履约情况、交易情况等相关信息，数据主要来自试点省市交易所网站所披露的相关信息。

需求方面，本节主要以上证综合指数与中国的采购经理人指数来衡量宏观社会经济变量，相关数据来自万德数据库；以煤炭价格指数衡量能源价格变量，相关数据来自中国煤炭工业协会，原因是煤炭在中国的一次能源生产与消费结构中占据主导地位，且使用煤炭产生的碳排放量在中国排放总量中占据相当大的比例；以中国试点省市的月平均温度来衡量气候因素，数据来自万德数据库，其中广东与湖北的数据以广州与武汉的月平均气温来衡量。

3. 实证分析

表4-10为中国碳排放配额现货交易价格影响因素的非平衡面板数据模型分析结果，本节主要采取了混合OLS模型、固定效应模型、随机效应模型三类面板数据模型分析中国碳交易现货价格的影响因素。

表4-10　碳交易现货价格影响因素非平衡面板数据模型分析结果

影响因素	混合OLS模型		固定效应模型		随机效应模型	
解释变量	系数（t值）	概率值	系数（t值）	概率值	系数（t值）	概率值
常数项	-20.7549 (-4.4252)	0.0000	-21.6249 (-7.1826)	0.0000	-20.7549 (-7.0294)	0.0000
政策变量	0.0013 (0.0298)	0.9762	-0.0007 (-0.0237)	0.9811	0.0013 (0.0473)	0.9623

续表

估计方法	混合 OLS 模型		固定效应模型		随机效应模型	
解释变量	系数（t 值）	概率值	系数（t 值）	概率值	系数与 t 值	概率值
上证综指（对数）	-0.1121 (-2.3106)	0.0209	-0.2409 (-7.8358)	0.0000	-0.1121 (-3.6704)	0.0002
PMI（对数）	2.4613 (2.0971)	0.0361	4.9024 (6.4334)	0.0000	2.4613 (3.3313)	0.0009
煤炭价格指数（对数）	3.1307 (16.34355)	0.0000	1.6020 (12.5741)	0.0000	3.1307 (25.9617)	0.0000
温度	0.0044 (4.1330)	0.0000	-0.0029 (-3.4441)	0.0006	0.0044 (6.5652)	0.0000
拟合优度（R^2）	0.3367		0.7377		0.3367	
观测值	2225		2225		2225	

从三类模型的分析结果来看，碳排放配额的交易价格影响因素中，政策变量 t 统计量都不显著。一方面，也许因为中国碳排放交易市场运行时间比较短，政策变量信息比较少，政策变量对碳配额交易价格的影响难以显著的体现；另一方面，政策变量作为虚拟变量，政策变量与碳配额交易价格的关系存在的是一种非线性关系，更多是一种突变的影响关系。

代表宏观经济发展水平的上证综合指数与 PMI 指数变量的 t 统计量显著，尤其是在固定效应模型与随机效应模型中。这说明中国碳配额交易价格与宏观经济发展水平有密切的关系，但在三类模型中，上证综合指数都显示负相关关系，而 PMI 呈现出正相关关系。从上证综合指数与 PMI 指标的比较来看，PMI 更能比较准确地反映中国宏观经济层面的情况，而上证综合指数有时反映并不显著，中国的股票市场与中国的宏观经济实体层面的关系有时候背离程度比较大，股票指数难以作为反映宏观经济的“晴雨表”。可见，经过三年的发展，中国碳交易市场的运行情况与中国宏观经济关系日益密切，宏观经济发展水平对碳配额交易市场的影响越来越显著。

在三类模型中，代表能源价格的煤炭价格指数变量 t 统计量显著，且煤炭价格指数与碳排放配额交易价格呈正相关关系，能源价格越低，说明经济社会发展对能源的需求量越低，由此导致碳排放量也越低，配额交易价格也就越低。

在三类模型中，代表气候的温度变量 t 统计量也显著，说明温度与碳排放配额交易价格的关系明显，但是三类模型中关系方向不一致，在混合 OLS 模型与随机效应模型中温度与碳排放配额交易价格呈正相关关系，而在固定效应模型中，呈现负相关关系。一般情况下，温度与碳排放配额交易价格呈负相关关系，温度越低（如冬季），社会对能源的需求量越大，碳排放量也越高，相应的承担减排任务的机构对配额的需求量也更多，交易价格也就越高。

再从模型选择角度来分析，固定效应模型与随机效应模型哪个更适合我们的分析。当个体成员单位是随机抽取自一个大的总体时，固定效应模型便仅适用于所抽到的个体成员，而不适用于样本之外的其他单位。在这种情形下，如果仅对样本自身进行分析，选用效应模型是合适的，但想以样本结果对总体进行分析，则应该选用随机效应模型，即把反映个体差异的特定常数项看作跨个体成员的随机分布。我们对随机效应模型进行 Hausman 检验（见表 4－11），从检验结果的卡方值（Chi-Sq. Statistic）以及相伴概率可以得到，拒绝原假设，即随机效应模型，则固定效应模型更适合本书研究。同时，从模拟方程拟合程度的判定系数 R－squared 来看，固定效应模型高达 0.7377，远高于混合 OLS 模型与随机效应模型的拟合程度。

表 4－11　　　　随机效应模型的 Hausman 检验

检验结果	卡方值	自由度	概率值
随机效应模型	3385.2571	5	0.0000

因此，中国碳排放配额交易价格与代表宏观社会经济发展水平的 PMI 高度正相关，与代表能源价格的煤炭价格指数也高度正相关，与代表气候指标的月平均温度负相关。

4.4 本章小结

本章内容主要以EU ETS下的BlueNext交易所第一期、第二期EUA交易现货价格与EEX交易所第一期、第二期、第三期EUA交易现货价格，以及中国试点省市碳配额交易的现货价格为分析样本，采用文献研究、描述性统计分析与计量经济模型法，系统研究了碳现货价格的波动特点，以及碳现货价格运行的影响因素。研究结果如下：

（1）碳交易二级市场配额现货的交易价格主要由供给与需求两方面因素决定。供给因素主要包括配额政策（配额数量、分配方式、跨期储备制度等）、碳减排技术、碳税政策、其他减排履约机制项目供给情况等。影响碳排放配额交易价格波动的需求因素很多，主要包括经济发展水平、能源价格水平、金融市场以及气候因素等。

（2）本书选择BlueNext交易所第一期、第二期EUA交易现货价格与EEX交易所第一期、第二期、第三期EUA交易现货价格分析了欧洲碳金融市场EUA现货价格波动特点。分析结果显示：两个碳交易市场EUA现货价格波动趋势基本一致。第一期后期，由于配额分配经验不足，基础排放源数据缺乏，欧盟各成员国争取配额最大化的政治努力，使得制定的总量控制目标明显地超过实际排放，配额供给出现过剩现象，导致价格波动剧烈，交易市场受到非常大的打击。第二期，由于受2008年的全球金融危机和2010年的欧债危机影响，欧盟国家经济复苏乏力，能源消费下降，碳排放量下降，更加衬托出配额总量过剩，很大程度上导致了EUA交易价格的低迷。同时，气候变化国际谈判的不确定性，也一定程度上导致碳金融市场价格在震荡中不断下降。第三期，从目前来看，交易价格一直较低，配额过剩将更加突出。欧盟将会对交易机制进行大幅度改革，以避免内部市场失灵。

（3）欧盟排放交易体系经过十多年的发展，经历了试验阶段并逐渐走向成熟；反映排放许可权稀缺性的价格机制已形成；运用总量交易机制解决气候变化问题积累了丰富的经验。在配额分配上由于总量目标宽松与配额过剩问题，导致交易价格波动幅度较大，交易价格下跌，市场低迷。欧盟建立了完备的温室气体排放数据库与统计体系，为科学地制定碳交易及温室气体减排相关政策提供了坚实的支撑。

（4）为了更进一步认识欧盟碳交易市场 EUA 现货价格波动影响因素，我们进行了 EUA 现货价格波动影响因素的实证分析，本章选取了 BlueNext 交易所第二期 EUA 现货交易价格收盘价、EEX 交易所第二期 EUA 现货交易价格的收盘价、EEX 交易所第三期 EUA 现货交易价格收盘价作为研究样本，分析碳交易现货价格波动的影响因素。分析结果显示：

在能源市场方面，煤炭价格、石油价格、电力价格与碳现货价格都存在正相关关系，说明能源市场是影响碳金融现货市场价格波动的重要因素，当市场对化石能源需求增加，化石能源价格上升，同时碳排放量增加，市场对排放配额的需求量增加，配额交易价格上升。

在金融市场方面，BlueNext 交易所第二期 EUA 现货价格、EEX 交易所第二期 EUA 现货价格与法兰克福 DAX 股价指数存在正相关关系，EEX 交易所第三期 EUA 现货价格与法兰克福 DAX 股价指数相关关系未通过 t 统计量检验。在 BlueNext 交易所第二期 EUA 现货价格、EEX 交易所第二期 EUA 现货价格、第三期 EUA 现货价格检验中，FS100 指数都未通过 t 统计量检验，说明股票金融市场与碳金融现货市场的关系在不同的交易时期、不同的交易所之间存在不一致的关系。究其原因可能是碳交易市场体系建设不完善，EU ETS 建设在摸索中前进，配额供给方面在不断完善优化，碳交易现货价格波动较大，与其他金融市场的相关关系不太显著。

在代表宏观经济水平方面，BlueNext 交易所第二期 EUA 现货价格、EEX 交易所第二期 EUA 现货价格与欧元区经济景气指数、欧元区制造业 PMI 等解释变量的相关关系都未通过 t 统计量检验。EEX 交易所第三期 EUA 现货价格与欧元区经济景气指数存在正相关关系，与欧元区制造业 PMI 指数存在负相关关系。这些进一步说明了碳交易市场的不成熟，在不同的交易所、交易时期，碳交易现货价格与代表宏观经济变量的关系不稳定。

（5）本章以中国碳交易试点的 6 个省市（北京、天津、上海、深圳、广东、湖北）的排放配额现货交易价格为样本，建立非平衡面板数据，实证分析碳现货价格波动影响因素。分析结果显示：中国碳排放配额现货交易价格与代表宏观社会经济发展水平的 PMI 高度正相关，与代表能源价格的煤炭价格指数也高度正相关，与代表气候指标的月平均温度负相关。代表交易制度、配额分配、履约情况等相关信息的政策变量与碳现货价格关系不明显，原因可能是中国碳排放交易市场运行时间比较短，政策变量信息比较少；政策变量与碳配额交易价格的关系更多的是一种非线性关系，或突变影响关系。代表宏观社会经济变量的上证综指与碳现货价格存在负相关关系，可能是由于中国股票市场与中国的宏观经济层面的关系有时候背离程度比较大，股票指数难以作为反映宏观经济的“晴雨表”。

第5章

碳期货与现货价格关系研究

在国际碳排放权交易市场中，由于市场发展不成熟，配额与项目的现货价格波动比较剧烈，市场参与者面临着很大的价格风险，为了促进碳交易市场的有效运行和健康发展，碳金融衍生品应运而生，现已成为碳金融市场的一个重要组成部分。碳金融市场中的碳期货产品是在碳现货基础之上衍生出来的，碳期货具有价格发现、规避风险、套期保值等功能，为碳交易市场的参与者提供了重要决策依据，满足了碳交易市场参与者的不同需求，极大地活跃了碳交易市场。碳期货产品与其他期货产品一样，其价格与现货价格波动具有很强的相关性，且允许买空卖空，在价格发现、稳定市场预期、活跃交易市场等方面具有重要的作用。

目前，欧盟碳交易体系的期货合约主要有以EUA现货为基础的期货合约，以CDM项目核证减排量现货为基础的CER期货产品合约。本章我们主要以EUA现货期货合约为研究样本，分析EUA期货与现货价格之间的关系，以及EUA期货对现货的价格发现功能。

5.1 计量经济学模型理论

本节通过VAR模型与VEC等计量经济学模型，分析研究碳期货与现货的价格关系，以及碳期货的价格发现功能。首先，参考高铁梅（2006）、李子奈与叶阿忠（2000）等的研究成果，简要介绍相关计量经济学模型理论。

5.1.1 向量自回归模型

传统经济计量方法是建立在经济理论基础上，如各类生产函数与联立方程组模型。20世纪五六十年代，宏观联立方程计量模型受到高度重视，并被广泛地应用于宏观经济分析和预测领域。由此，联立方程计量模型参数估计的有限信息极大似然法、两阶段最小二乘法、三阶段最小二乘法、工具变量法、完全信息极大似然法等相继被学者提出。但由于建立的联立方程模型比较庞大，包含的变量较多，联立方程计量模型的缺点逐渐地显现，例如，联立方程模型以经济理论为基础，但经济理论难以给出复杂模型变量之间的动态关系；随着模型方程数量与变量的增加，模型的识别越来越困难；对于复杂的模型，模型中内生变量与外生变量的划分也越来越困难；如果计量模型的变量数据为非平稳数据，而实际数据也经常为非平稳数据，这将违背计量经济学模型的基本假设，带来伪回归问题。

由此，20世纪80年代，学者们提出了向量自回归模型（vector autoregression，VAR），VAR模型通过非结构化的方法研究经济变量之间的关系，建模思想与理论被广泛地应用于经济系统分析之中，并逐渐发展成为计量经济学的主流模型之一。VAR模型是根据数据的统计特性构建模型，模型中的每一个内生变量都通过系统中所有内生变量的滞后值去表示。其主要用于分析多元自回归模型系统中随机扰动项的冲击对系统变量的冲击与影响。模型方程如下：

$$y_t = A_1 y_{t-1} + \cdots + A_P y_{t-p} + \varepsilon, t = 1, 2, \cdots, T \tag{5.1}$$

其中，y_t 代表内生变量向量，内生变量为 k 维，p 为模型的滞后阶数，T 是研究分析样本的个数，矩阵 A_1，…，A_p 是 $k \times k$ 维的待估系数，ε_t 是 k 维扰动向量，假设Σ是 ε_t 的协方差矩阵，则Σ是 $k \times k$ 维的正定矩阵。我们简称以上模型为VAR（p）模型。

通过最小二乘法，我们可以估计VAR模型，如果对协方差矩阵Σ不施加限制条件，Σ矩阵的估计量是：

$$\hat{\Sigma} = \frac{1}{T} \Sigma \hat{\varepsilon}_t \hat{\varepsilon}'_t \tag{5.2}$$

其中，$\hat{\varepsilon}_t = y_t - \hat{A}_1 y_{t-1} - \hat{A}_2 y_{t-2} - \cdots - \hat{A}_p y_{t-p}$。

向量自回归模型具有以下特点：（1）克服了联立方程模型必须以经济理论为基础的约束，建模只需考虑模型包含哪些变量，变量之间是否存在相关关系，即格兰杰因果关系，以及模型滞后阶数的确定；（2）模型中的解释变量不包含 t 期变量，并且对参数没有零约束限制；（3）模型需要估计的参数比较多，如待估系数矩阵是 $k \times k$ 维矩阵 $A_1,\cdots,A_p$，因此要求样本容量足够大。

因此，建立 VAR 模型需要确定两个条件：一是模型中包含哪些变量，即建立 VAR 模型首先需要进行格兰杰因果关系检验，确定变量之间是否存在相关关系。二是模型滞后阶数 p 的确定。模型滞后阶数太大，待估的参数将太多，增加了模型参数估计的有效性；模型滞后阶数太小，残差可能存在自相关。一般情况下，通过赤池信息准则（Akaike information criterion，AIC）、施瓦茨准则（Schwarz criterion，SC）、似然比统计量 LR（likelihood ratio）等方法确定滞后阶数。

（1）赤池信息准则（AIC）、施瓦茨准则（SC）：不断增加滞后阶数 p 值，使得 AIC 和 SC 值同时最小。

（2）似然比统计量 LR 法：

LR 定义为：$LR = (T - m)\{\ln|\hat{\Sigma}_{j-1}| - \ln|\hat{\Sigma}_j|\} \sim \chi^2(k^2)$ （5.3）

其中，k 是内生变量的个数；$m = d + kj$，m 代表模型某一方程的参数个数，d 代表外生变量数；$\hat{\Sigma}_{j-1}$与$\hat{\Sigma}_j$ 分别表示滞后数为 $j-1$ 和 j 的 VAR 模型的协方差矩阵估计。

5.1.2 Johansen 协整检验

Johansen 协整检验是约翰森（Johansen）与朱利叶斯（Juselius）提出的基于 VAR 模型回归系数协整检验方法，因此，也称为 JJ 检验，该检验方法是多变量协整关系的协整检验方法。其检验思想如下：

首先，我们构建 VAR 模型：

$$y_t = A_1 y_{t-1} + \cdots + A_p y_{t-p} + BX_t + \varepsilon_t \tag{5.4}$$

其中，y_{1t}，y_{2t}，…，y_{kt}是非平稳的 I（1）变量向量；X_t 是 d 维外生向量；

ε_t 是 k 维扰动向量。将上式进行差分计算，得：

$$\Delta y_t = \Pi y_{t-1} + \sum_{i=1}^{p-1} \Gamma_i \Delta y_{t-i} + BX_t + \varepsilon_t \tag{5.5}$$

经过差分变换，式（5.5）中的 Δy_t，Δy_{t-i}（$j=1, 2, \cdots, p$）将变为 I（0)变量向量。只要 $y_{1.,t-1}$，$y_{2.,t-1}$，…，$y_{k.,t-1}$ 变量之间具有协整关系，就能保证 Δy_t 变量是平稳的，矩阵 Π 的秩将决定变量 $y_{1.,t-1}$，$y_{2.,t-1}$，…，$y_{k.,t-1}$ 之间的协整关系。设 Π 的秩为 r，则存在三种情况：$r=k$，$r=0$，$0<r<k$。

（1）如果 Π 的秩 $r=k$，只有 $y_{1.,t-1}$，$y_{2.,t-1}$，…，$y_{k.,t-1}$ 都是 I（0）变量，才能保证 Πy_{t-1} 是 I（0）变量构成的向量。这将与已知的 y_t 为 I（1）变量相矛盾，所以必然有 $r<k$。

（2）如果 Π 的秩 $r=0$，式（5.5）中各项都是 I（0）变量，没有必要讨论 $y_{1.,t-1}$，$y_{2.,t-1}$，…，$y_{k.,t-1}$ 变量之间是否存在协整关系。

（3）如果 Π 的秩 $0<r<k$，则表示存在 r 个协整组合。在这种情况下，Π 可以分解为 $r\times k$ 阶矩阵 α 和 β 的乘积：

$$\Pi = \alpha\beta' \tag{5.6}$$

其中，rk（α）$=r$，rk（β）$=r$。

由此，得：

$$\Delta y_t = \alpha\beta' y_{t-1} + \sum_{i=1}^{p-1} \Gamma_i \Delta y_{t-i} + BX_t + \varepsilon_t \tag{5.7}$$

式（5.7）中，$\beta' y_{t-1}$ 为 I（0）变量向量，每一行都将是 I（0）的组合变量，即由 β 所表示的 $y_{1.,t-1}$，$y_{2.,t-1}$，…，$y_{k.,t-1}$ 的线性组合都是一个协整形式，所以矩阵 β 决定了变量 $y_{1.,t-1}$，$y_{2.,t-1}$，…，$y_{k.,t-1}$ 之间协整关系的形式与个数。因此，矩阵 β 为协整向量矩阵，r 为协整向量个数。

5.1.3 Granger 因果假设检验

检验时间序列变量之间的因果关系是向量自回归模型一个重要的应用。克莱夫·格兰杰与西姆斯对此分别给出了一致的定义，因此，被称为 Granger 因果假设检验。Granger 因果假设检验主要分析 x_t 是否引起 y_t 的问题，即过去的 x_t 多大程度上能够解释现在的 y_t，加入 x_t 的滞后项，是否可以提高解释程度。

如果由 y_t 和 x_t 的滞后项决定的 y_t 的条件分布与单独由 y_t 的滞后项所决定的 y_t 的条件分布相同，即：

$$f(y_t \mid y_{t-1},\cdots,x_{t-1},\cdots) = f(y_t \mid y_{t-1},\cdots) \tag{5.8}$$

则称 x_{t-1}对 y_t 存在 Ganger 非因果性。

我们通过用数学的方法对 Granger 因果关系进行定义。假设对 y_t 进行预测，其均方误差值为：

$$MSE = \frac{1}{s}\sum_{i=1}^{s}(\hat{y}_{t+i} - y_{t+i})^2 \tag{5.9}$$

其中，预测期为 s （$s>0$），如果基于 y_t，y_{t-1}，…预测 y_{t+s}的均方误差，与基于 y_t，y_{t-1}，…和 x_t，x_{t-1}，…预测的均方误差相同，即：

$$MSE[\hat{E}(y_{t+s} \mid y_t,y_{t+1},\cdots)] = MSE[\hat{E}(y_{t+s} \mid y_t,y_{t+1},\cdots,x_t,x_{t-1},\cdots)] \tag{5.10}$$

则称 x 不能 Granger 引起 y。

5.1.4 脉冲响应函数

由于 VAR 模型主要依据数据的统计特性建立，缺乏经济理论基础。因此，预测以外，VAR 模型主要进行脉冲响应函数分析与方差分解分析。脉冲响应函数分析主要研究模型内生变量对随机误差项冲击的反应情况，假设对随机误差项施加一个标准差大小的冲击，对模型内生变量的当期值与未来值所产生的动态影响。

由 VAR 模型（5.1）变换可得：

$$\begin{aligned} y_t &= (I - A_1L - \cdots - A_pL^p)^{-1}\varepsilon_t \\ &= (I + C_1L + C_2L^2 + \cdots)\varepsilon_t \\ t &= 1,2,\cdots,T \end{aligned} \tag{5.11}$$

VAR（p）模型可以表示为 VMA（∞）模型。假设 VMA（∞）模型为：

$$y_t = (I_k + C_1L + C_2L^2 + \cdots)\varepsilon_t, t = 1,2,\cdots,T \tag{5.12}$$

y_y 的第 i 个变量 y_{it} 可以表示为：

$$y_{it} = \sum_{j=1}^{k} (c_{ij}^{(0)} \varepsilon_{jt} + c_{ij}^{(1)} \varepsilon_{jt-1} + c_{ij}^{(2)} \varepsilon_{jt-2} + c_{ij}^{(3)} \varepsilon_{jt-3} + \cdots), t = 1,2,\cdots,T \tag{5.13}$$

一般地，由 y_j 的脉冲引起的 y_i 的响应函数可表示为：

$$c_{ij}^{(0)}, c_{ij}^{(1)}, c_{ij}^{(2)}, c_{ij}^{(3)}, c_{ij}^{(4)}, \cdots \tag{5.14}$$

因此，由 y_j 的脉冲引起的 y_i 的累积响应函数可表示为：

$$\sum_{q=0}^{\infty} c_{ij}^{(q)} \tag{5.15}$$

5.1.5 方差分解

脉冲响应函数主要分析向量自回归模型随着时间推移，内生变量受到扰动项冲击的反应。而方差分解方法主要评价内生变量对预测方差（标准差）的贡献程度，即每一个冲击对内生变量变化的贡献程度，进一步评价不同结构冲击的重要性。分析思路如式（5.13）所示：

$$y_{it} = \sum_{j=1}^{k} (c_{ij}^{(0)} \varepsilon_{it} + c_{ij}^{(1)} \varepsilon_{jt-1} + c_{ij}^{(2)} \varepsilon_{jt-2} + c_{ij}^{(3)} \varepsilon_{jt-3} + \cdots), t = 1,2,\cdots,T$$

括号内表示的是第 j 个扰动项 ε_j 对 y_i 影响的总和，并假定 ε_j 不存在序列相关，则有：

$$E[(c_{ij}^{(0)} \varepsilon_{jt} + c_{ij}^{(1)} \varepsilon_{jt-1} + c_{ij}^{(2)} \varepsilon_{jt-2} + \cdots)^2] = \sum_{q=0}^{\infty} (c_{ij}^{(q)})^2 \sigma_{jj} \tag{5.16}$$

表示用方差计算的第 j 个扰动项对第 i 个变量的影响结果。

假设扰动项向量的协方差矩阵 $\sum$ 为对角矩阵，则有：

$$\text{var}(y_{it}) = \sum_{j=1}^{k} \{\sum_{q=0}^{\infty} (c_{jj}^{(q)})^2 \sigma_{jj}\} \tag{5.17}$$

因此，y_i 的方差是由 k 个非相关扰动项影响的总和，测定某一扰动项对 y_i 的方差的贡献程度，可表示为：

$$RVC_{j->i}(\infty) = \frac{\sum_{q=0}^{\infty} (c_{ij}^{(q)})^2 \sigma_{jj}}{\text{var}(y_{it})} = \frac{\sum_{q=0}^{\infty} (c_{ij}^{(q)})^2 \sigma_{jj}}{\sum_{j=1}^{k} \{\sum_{q=0}^{\infty} (c_{ij}^{(q)})^2 \sigma_{jj}\}} \tag{5.18}$$

实际应用中，难以用 $s = \infty$ 的求和评价贡献度。假设模型是平稳的，

$c_{ij}^{(q)}$随着 q 的增长呈几何级数性递减，因此，一般情况下只计算有限的前 s 项：

$$C_0\varepsilon_t + C_1\varepsilon_{t-1} + C_2\varepsilon_{t-2} + \cdots + C_{s-1}\varepsilon_{t-s+1} \quad C_0 = I_0 \tag{5.19}$$

可得近似的相对方差贡献率（relative variance contribution rate，RVC）：

$$RVC_{j->i}(s) = \frac{\sum_{q=0}^{s-1}(c_{ij}^{(q)})^2\sigma_{jj}}{\sum_{j=1}^{k}\{\sum_{q=0}^{s-1}(c_{ij}^{(q)})^2\sigma_{jj}\}} \tag{5.20}$$

5.1.6 向量误差修正模型

向量误差修正模型（vector error correction model，VEC）是协整理论与误差修正模型结合的结果。如果变量存在协整关系，就可以导出向量误差修正模型。VAR 模型的方程都是自回归分布滞后模型，因此，可以将含有协整约束的 VAR 模型作为 VEC 模型。建立 VAR 模型如式（5.4）所示：

$$y_t = A_1 y_{t-1} + \cdots + A_p y_{t-p} + BX_t + \varepsilon_t$$

其中，y_t 所包含的 k 个 I（1）变量存在协整关系，那么，对 VAR 模型进行一阶差分变换，如式（5.7）所示：

$$\Delta y_t = \alpha\beta' y_{t-1} + \sum_{i=1}^{p-1}\Gamma_i \Delta y_{t-i} + BX_t + \varepsilon_t$$

式（5.7）也可表示为：

$$\Delta y_t = \alpha\beta' y_{t-1} + \sum_{i=1}^{p-1}\Gamma_i \Delta y_{t-i} + \varepsilon_t \tag{5.21}$$

其中，每个方程的误差项 ε_i（$i = 1, 2, \cdots, k$）都具有平稳性，用误差修正模型表示协整关系，每一个方程都是一个误差修正模型。

$$\Delta y_t = \alpha ecm_{t-1} + \sum_{i=1}^{p-1}\Gamma_i \Delta y_{t-i} + \varepsilon_t \tag{5.22}$$

其中，$ecm_{t-1} = \beta' y_{t-1}$为误差修正项，反映变量的长期均衡关系，系数向量 α 反映偏离长期均衡状态时，将其调整回均衡状态的速度。

5.2 EUA 期货与现货价格关系的实证分析（第二期）

5.2.1 数据来源

根据数据的可得性，本节研究的数据来源于欧盟排放权交易体系 EU ETS 第二期的 EUA 的现货与期货交易价格数据。其中现货价格来自欧洲能源交易所（EEX）的 EUA 现货收盘价，期货价格来源于 ICE ECX 的 EUA 的结算价，时间跨度为2009 年 1 月 16 日至 2012 年 6 月 8 日。现货价格数据来源于彭博数据库，期货价格数据来源于万德数据库。

5.2.2 实证分析

1. 碳期货与现货价格趋势分析

首先，对 EUA 第二期 EEX 的 EUA 现货收盘价与 ICE ECX 的 EUA 期货的结算价进行趋势图分析（见图 5 - 1），2009 年 1 月 16 日至 2012 年 6 月 8 日，碳排放配额交易价格有比较大的波动幅度，最高价格达到 17 欧元，最低价格在 6 欧元。最重要的是欧盟碳排放交易体系碳排放配额的期货价格与现货价格走势基本一致。

2. EUA 期货与现货价格时间序列的平稳性检验

在我们进行碳期货与碳现货价格平稳性检验前，我们首先对期货价格与现货价格时间序列取自然对数，其目的是在不改变时间序列协整关系的基础上，有效消除时间序列中可能存在的异方差。

（1）期货价格时间序列平稳性检验。首先，我们对期货价格时间序列进行 ADF 检验，检验结果显示，期货价格时间序列接受原假设，是一个非平稳序列（见表 5 - 1）。其实，我们从期货价格时间走势图也可以直接观察出来。

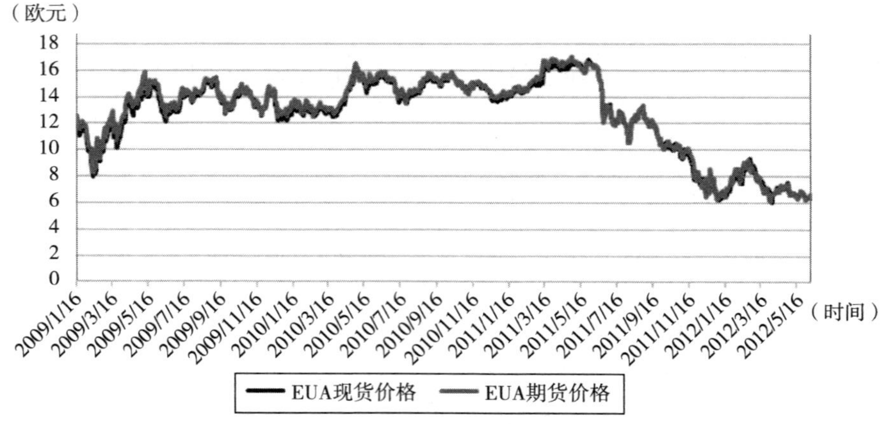

图 5－1　EUA 现货价格与期货价格走势（第二期）

资料来源：彭博及万德数据库。

表 5－1　　EUA 期货价格时间序列平稳性检验（第二期）

ADF 统计量			t 统计量	概率值
			－0. 610769	0. 8656
显著性水平	1%	检验临界值	－3. 437748	
	5%		－2. 864695	
	10%		－2. 568504	

然后，我们对期货价格时间序列进行一阶差分的平稳性检验，表 5－2 检验结果显示，一阶差分序列在 1% 的显著性水平下拒绝原假设。因此，期货价格的一阶差分序列是平稳序列。

表 5－2　　EUA 期货价格一阶差分序列平稳性检验（第二期）

ADF 统计量			t 统计量	概率值
			－28. 87022	0. 0000
显著性水平	1%	检验临界值	－3. 437757	
	5%		－2. 864699	
	10%		－2. 568506	

（2）现货价格时间序列平稳性检验。同样，我们对 EUA 现货价格时

间序列进行平稳性检验，表5-3的检验结果显示，EUA现货价格时间数列存在单位根，是非平稳序列。表5-4的检验结果显示，一阶差分序列在1%的显著性水平下拒绝原假设，因此，EUA现货价格一阶差分序列为平稳序列。

表5-3　EUA现货价格时间序列平稳性检验（第二期）

ADF统计量			t统计量	概率值
			-0.498787	0.8888
显著性水平	1%	检验临界值	-3.437748	
	5%		-2.864695	
	10%		-2.568504	

表5-4　EUA现货价格一阶差分序列平稳性检验（第二期）

ADF统计量			t统计量	概率值
			-27.92465	0.0000
显著性水平	1%	检验临界值	-3.437757	
	5%		-2.864699	
	10%		-2.568506	

3. Johansen协整与Granger因果关系检验

（1）Johansen协整检验。协整检验是基于VAR模型的回归系数的检验，主要研究EUA的现货价格与期货价格之间长期是否存在稳定的关系。特征根迹与最大特征值检验结果显示，期货价格与现货价格存在一个协整关系，说明碳排放配额的现货价格与期货价格存在长期稳定关系（见表5-5）。根据表5-6碳排放配额期货价格与现货价格序列标准协整系数检验结果显示，协整方程为：$\ln sp2 = 0.993265 \ln fu2$，说明碳期货价格与现货价格序列在长期运动过程中相互牵制，即使发生偏离，经过调整仍按照一致的轨迹运行。

表 5－5 EUA 期货与现货价格的特征根迹与最大特征值检验结果（第二期）

（1）特征根迹检验

原假设成立条件下的协整关系数	特征根	迹统计量	在 5% 显著性水平下的临界值	概率值**
0 个协整向量*	0. 237456	232. 8695	15. 49471	0. 0001
至少 1 个协整向量	0. 000631	0. 540648	3. 841466	0. 4622

迹检验表明在 5% 的显著性水平下存在 1 个协整方程

* 表示在 5% 的显著性水平下拒绝原假设；

** 根据麦金农－豪格－米其利斯（MacKinnon-Haug-Michelis，1999）提出的临界值所得到的概率值

（2）最大特征值检验

原假设成立条件下的协整关系数	特征根	最大特征值统计量	在 5% 显著性水平下的临界值	概率值**
0 个协整向量*	0. 237456	232. 3289	14. 26460	0. 0001
至少 1 个协整向量	0. 000631	0. 540648	3. 841466	0. 4622

最大特征值检验表明在 5% 的显著性水平下存在 1 个协整方程

* 表示在 5% 的显著性水平下拒绝原假设；

** 根据麦金农－豪格－米其利斯（MacKinnon-Haug-Michelis，1999）提出的临界值所得到的概率值

表 5－6 EUA 期货与现货价格序列的非标准化与标准协整系数（第二期）

非标准化协整系数（基于规化 $\beta' S_{11} \beta = I$）：

ln*sp*2	ln*fu*2		
－68. 22490	67. 76544		
2. 308147	1. 503603		

非标准化调整系数（α）：

D（ln*sp*2）	0. 005530	－0. 000561	
D（ln*fu*2）	－0. 005029	－0. 000621	
1 个协整方程：		对数似然值	4179. 628

标准协整系数（括号中数字代表标准误）：

续表

ln*sp*2	ln*fu*2		
1. 000000	-0. 993265 (0. 00341)		
调整系数（括号中数字代表标准误）			
D（Ln*sp*2）	-0. 377309 (0. 05706)		
D（Ln*fu*2）	0. 343080 (0. 06145)		

（2）Granger 因果关系检验。表 5 -7 显示了欧盟碳交易体系 EUA 期货价格与现货价格之间的 Granger 因果关系。根据分析结果，EUA 期货价格与现货价格相互之间都有显著的 Granger 关系，EUA 现货价格是 Granger 引起 EUA 期货价格变化的原因，同时 EUA 期货价格也是 Granger 引起 EUA 现货价格变化的原因。说明在 EU ETS 第二期，EUA 的期货价格具有价格发现功能。同时，期货价格与现货价格可以建立 VAR 模型。

表 5 -7 EUA 现货与期货价格的 Granger 因果关系检验结果（第二期）

因变量：ln*sp*2			
滞后内生变量	卡方统计量	自由度	概率值
ln*fu*2	162. 9985	2	0. 0000
所有	162. 9985	2	0. 0000
因变量：ln*fu*2			
滞后内生变量	卡方统计量	自由度	概率值
ln*sp*2	86. 31871	2	0. 0000
所有	86. 31871	2	0. 0000

4. VAR 模型估计

（1）期货与现货价格的 VAR 模型估计。为了研究 EUA 期货价格与现货价格之间的长期关系，我们构建期货价格与现货价格的向量自回归模型。根据赤池信息准则（AIC）和施瓦茨（SC）准则，确定最大滞后阶数为2，其中 ln*fu*2 为期货价格，ln*sp*2 为现货价格。

根据表5－8的模型估计结果，期货价格与现货价格的向量自回归模型整体拟合效果是好的，*R-squared* 与 *Adj. R-squared* 均达到了0.99以上。由于VAR模型本身并不适合于政策分析，后面，我们将通过脉冲响应函数、方差分解等技术来分析EUA期货与现货价格之间的关系。

表5－8　EUA期货与现货价格关系的VAR模型估计结果（第二期）

解释变量与回归统计量		ln*sp*2	ln*fu*2
内生解释变量	ln*sp*2（－1）	0.619879 (0.04829) [12.8376]	0.482918 (0.05201) [9.28575]
	ln*sp*2（－2）	0.001518 (0.04639) [0.03273]	－0.141271 (0.04996) [－2.82755]
	ln*fu*2（－1）	0.576610 (0.04536) [12.7119]	0.690754 (0.04885) [14.1390]
	ln*fu*2（－2）	－0.202686 (0.04710) [－4.30342]	－0.032457 (0.05073) [－0.63984]
外生解释变量	C	0.007925 (0.00807) [0.98197]	0.002640 (0.00869) [0.30372]
每个方程的标准OLS回归统计量	拟合优度	0.991420	0.990188
	调整拟合优度	0.991380	0.990142
	残差平方和	0.511011	0.592783
	标准误	0.024490	0.026377
	F统计量	24613.24	21496.12
	对数似然值	1965.498	1901.892
	AIC	－4.575257	－4.426820
	SC	－4.547524	－4.399087
	因变量均值	2.508203	2.517058
	因变量标准差	0.263781	0.265670

续表

解释变量与回归统计量		ln*sp*2	ln*fu*2
VAR 模型的回归统计量	残差的协方差行列式值（自由度进行调整以后）		2.01E－07
	残差的协方差行列式值		1.99E－07
	对数似然值		4179.899
	AIC 信息准则		－9.731386
	SC 准则		－9.675920

注：三行数据分别表示系数估计值、估计系数的标准差（圆括号中）、*t* 统计量（方括号中）。

（2）VAR 模型的平稳性检验。对于 VAR 模型，我们还需要对模型的稳定性进行检验。模型的平稳性检验需要进行 AR 根图表验证。由表 5－9 与图 5－2 分析结果可得，所有单位根倒数的模都小于 1，且单位根倒数的模都落在单位圆之内。因此，我们建立的 VAR 模型是稳定的。

表 5－9　　AR 单位根

单位根	模
0.997225	0.997225
0.464017	0.464017
－0.335414	0.335414
0.184805	0.184805

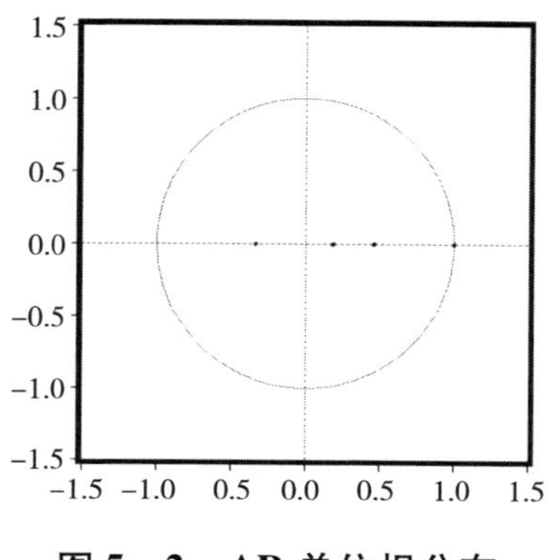

图 5－2　AR 单位根分布

5. 脉冲响应函数分析与方差分解分析

（1）脉冲响应函数分析。利用建立的碳期货价格与现货价格的VAR模型，通过脉冲响应函数分析EUA现货价格与期货价格对实施一个随机误差项标准差冲击的响应情况与路径。

其中，图5－3、图5－4、图5－5、图5－6的横轴为脉冲响应函数的期数，纵轴为期货或现货价格对标准差冲击的响应程度，实线为脉冲响应函数具体值，虚线为脉冲响应函数值两倍标准差的偏离带。

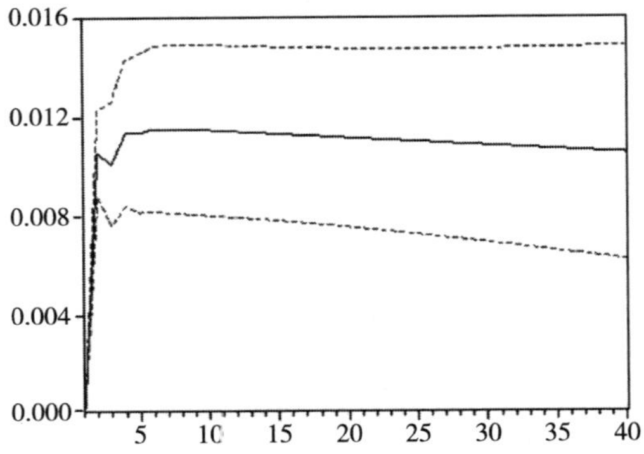

图5－3　EUA现货价格对期货价格一个标准差冲击的响应情况与路径（第二期）

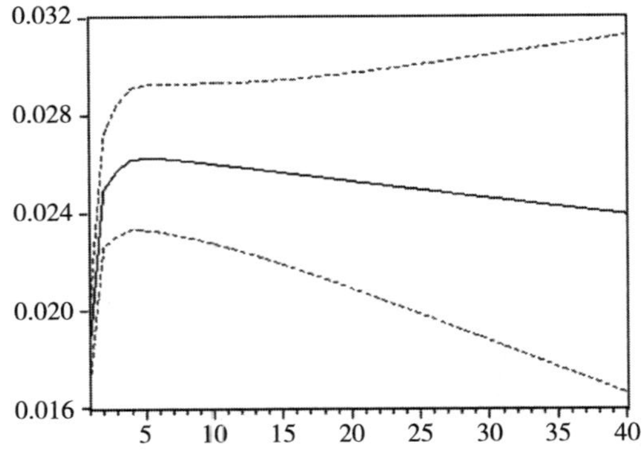

图5－4　EUA期货价格对现货价格一个标准差冲击的响应情况与路径（第二期）

首先，分析现货价格对期货价格一个标准差冲击的响应情况与路径。如图5－3所示，对期货价格施加一个正的标准差冲击，现货价格有显著上

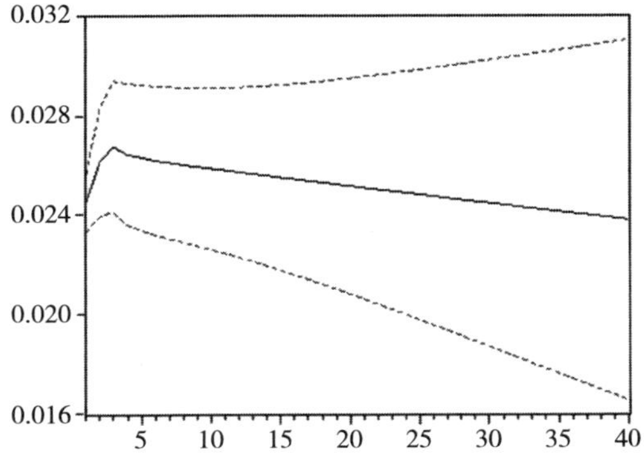

图5－5　EUA现货价格对现货价格一个标准差冲击的响应情况与路径（第二期）

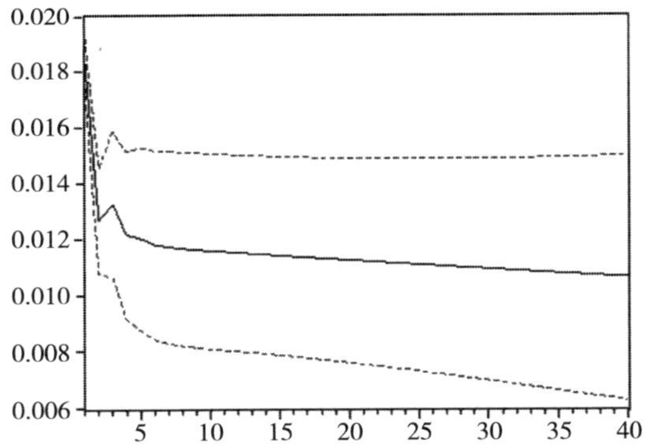

图5－6　EUA期货价格对期货价格一个标准差冲击的响应情况与路径（第二期）

升，并在第6期达到最高，随后逐渐放缓且持续影响，说明碳期货市场的价格受到外部因素冲击，将迅速传递给现货价格，并具有显著与持续的影响，期货市场价格对现货市场价格具有引导与影响作用。其次，分析期货价格对现货价格一个标准差冲击的响应情况与路径。如图5－4所示，现货价格受到一个正的标准差冲击，期货价格立即受到影响，并迅速上升，也在滞后第6期达到最大，随后一直持续且逐渐下降放缓，说明碳现货市场的价格受到某一因素冲击，期货价格也随之受到影响，且影响随着时间逐渐放缓。最后，分析碳期货与现货价格对自身一个正的标准差冲击的反应。如图5－5、图5－6所示，碳现货价格与期货价格受到自身一个正的标准差冲击，碳现货价格与期货价格的波动随着时间的推移逐渐下降放缓。

总体来说，碳期货价格与现货价格对对方的标准差冲击波动反应比较显著，随着时间推移影响逐渐放缓，且持续时间较长，碳期货与现货价格在市场上具有相互引导作用。

（2）方差分解分析。方差分解主要分析 EUA 期货与现货价格随机扰动项的冲击对期货与现货价格方差变动的贡献率。表 5－10 的分析结果显示，随着滞后期数的积累，期货价格随机扰动项波动对现货价格方差变动的贡献率逐渐增加，当达到滞后 20 期，贡献率为 15.42%；现货价格随机扰动项波动对现货价格方差变动的贡献率逐渐降低，当达到滞后 20 期，贡献率为 84.58%。表 5－11 的分析结果显示，随着滞后期的增加，期货价格随机扰动项波动对期货价格方差变动的贡献率逐渐下降，当达到滞后 20 期，贡献率为 89.23%；现货价格随机扰动项波动对期货价格方差变动的贡献率逐渐增加，当达到滞后 20 期，贡献率为 10.77%。为现货价格与期货价格方差分解如图 5－7、图 5－8 所示。

表 5－10　　EUA 现货价格方差分解（第二期）

ln*sp*2 的方差分解：

滞后期	标准误	ln*sp*2	ln*fu*2
1	0.024490	100.0000	0.000000
2	0.037334	91.99668	8.003320
3	0.047040	90.32095	9.679050
4	0.055142	88.70574	11.29426
5	0.062153	87.75924	12.24076
6	0.068424	87.05692	12.94308
7	0.074133	86.55329	13.44671
8	0.079405	86.16947	13.83053
9	0.084322	85.87157	14.12843

续表

lnsp2 的方差分解：

滞后期	标准误	lnsp2	lnfu2
10	0. 088942	85. 63364	14. 36636
11	0. 093310	85. 43984	14. 56016
12	0. 097460	85. 27903	14. 72097
13	0. 101418	85. 14355	14. 85645
14	0. 105207	85. 02788	14. 97212
15	0. 108845	84. 92799	15. 07201
16	0. 112345	84. 84086	15. 15914
17	0. 115721	84. 76421	15. 23579
18	0. 118983	84. 69624	15. 30376
19	0. 122141	84. 63558	15. 36442
20	0. 125203	84. 58109	15. 41891

表 5－11　　　EUA 期货价格方差分解表（第二期）

lnfu2 的方差分解：

滞后期	标准误	lnsp2	lnfu2
1	0. 024490	0. 000000	100. 0000
2	0. 037334	4. 564715	95. 43529
3	0. 047040	5. 928671	94. 07133
4	0. 055142	7. 206481	92. 79352
5	0. 062153	8. 006748	91. 99325
6	0. 068424	8. 604396	91. 39560
7	0. 074133	9. 039719	90. 96028
8	0. 079405	9. 373092	90. 62691

续表

ln*fu*2 的方差分解：			
滞后期	标准误	ln*sp*2	ln*fu*2
9	0. 084322	9. 633138	90. 36686
10	0. 088942	9. 841401	90. 15860
11	0. 093310	10. 01142	89. 98858
12	0. 097460	10. 15273	89. 84727
13	0. 101418	10. 27194	89. 72806
14	0. 105207	10. 37382	89. 62618
15	0. 108845	10. 46189	89. 53811
16	0. 112345	10. 53877	89. 46123
17	0. 115721	10. 60645	89. 39355
18	0. 118983	10. 66649	89. 33351
19	0. 122141	10. 72012	89. 27988
20	0. 125203	10. 76831	89. 23169

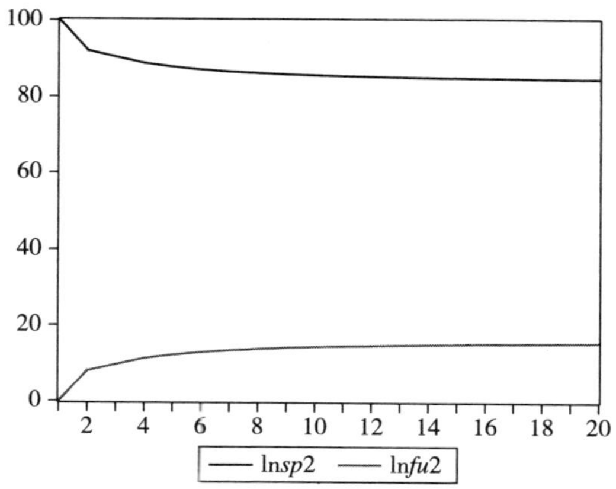

图 5 -7　EUA 现货价格方差分解（第二期）

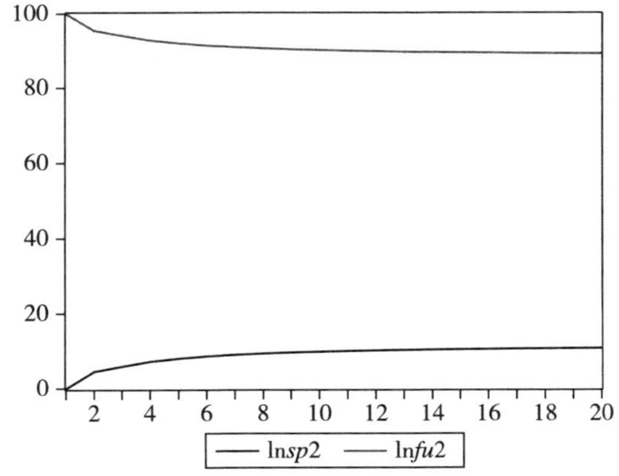

图5-8 EUA期货价格方差分解（第二期）

总体来看，期货价格随机扰动项冲击对现货价格方差变化的贡献率高于现货价格随机扰动项冲击对期货价格方差变化的贡献率。期货价格对现货价格的引导作用，比现货价格对期货价格的引导作用更强。

6. 向量误差修正模型

由于EUA的期货价格与现货价格存在协整关系，我们建立向量误差修正模型（VEC），相应的估计结果如表5-12所示。以 D（ln*sp*2）为被解释变量的VEC模型中，误差修正项的系数为-0.377309，系数的大小反映了对现货价格偏离长期均衡的调整力度。总体而言，当期现货价格相对低于期货价格时，下一期现货价格将上升，期货价格将有所下降，将以-0.377309的调整力度将非均衡状态拉回均衡状态。同时，在以 D（ln*fu*2）为被解释变量的VEC模型中，误差修正项的系数为0.343080，系数的大小反映了对期货价格偏离长期均衡的调整力度。总体而言，当期现货价格相对高于期货价格时，下一期期货价格将上升，现货价格将有所下降，将以0.343080的调整力度将非均衡状态拉回均衡状态。另外，在以 D（ln*sp*2）为被解释变量的VEC模型中，误差修正项的系数绝对值为0.377309，大于以 D（ln*fu*2）为被解释变量的VEC模型中，误差修正项的系数绝对值0.343080，说明期货价格偏离均衡状态的敏感程度低于现货价格。

表 5-12　　向量误差修正模型估计结果（第二期）

协整方程	CointEq1	
ln*sp*2（-1）	1.000000	
ln*fu*2（-1）	-0.993265 (0.00341) [-291.099]	
C	-0.008096	
误差修正项	*D*（ln*sp*2）	*D*（ln*fu*2）
CointEq1	-0.377309 (0.05706) [-6.61286]	0.343080 (0.06145) [5.58276]
D（ln*sp*2（-1））	-0.002784 (0.04633) [-0.06009]	0.139869 (0.04991) [2.80269]
D（ln*fu*2（-1））	0.201963 (0.04707) [4.29058]	0.031657 (0.05070) [0.62442]
C	-0.000500 (0.00084) [-0.59776]	-0.000528 (0.00090) [-0.58603]

注：三行数据分别表示系数估计值、估计系数的标准差（圆括号中）、t 统计量（方括号中）。

5.3 EUA 期货与现货价格关系的实证分析（第三期）

5.3.1 数据来源

根据数据的可得性，本节研究的数据来源于 EU ETS 第三期的 EUA 的现货与期货交易价格数据，其中现货价格来自欧洲能源交易所（EEX）的 EUA 现货收盘价，期货价格来源于 ICE ECX 的 EUA 期货的结算价，时间跨度为 2012 年 10 月 26 日至 2015 年 12 月 15 日。现货价格数据来源于彭博数据库，期货价格数据来源于万德数据库。

5.3.2 实证分析

1. Johansen 协整与 Granger 因果关系检验

表5-13为第三阶段EUA期货与现货价格Johansen协整检验结果，特征根迹与最大特征值检验结果显示期货价格与现货价格存在一个协整关系；碳排放配额交易的现货价格与期货价格存在长期稳定关系。协整方程为：

$$\ln sp3 = 1.015495\ln fu3$$

第三阶段，期货价格与现货价格序列在长期运动过程中相互牵制，按照一致的轨迹运行。

表5-13　EUA期货与现货价格Johansen协整检验结果（第三期）

(1) 特征根迹检验

原假设成立条件下的协整关系数	特征根	迹统计量	在5%显著性水平下的临界值	概率值**
0个协整向量*	0.342372	250.6212	15.49471	0.0001
至少1个协整向量	0.004935	2.923521	3.841466	0.0873

迹检验表明在5%的显著性水平下存在1个协整方程

*表示在5%的显著性水平下拒绝原假设；

**根据麦金农-豪格-米其利斯（MacKinnon-Haug-Michelis，1999）提出的临界值所得到的概率值

(2) 最大特征值检验

原假设成立条件下的协整关系数	特征根	最大特征值统计量	在5%显著性水平下的临界值	概率值**
0个协整向量*	0.342372	247.6977	14.26460	0.0001
至少1个协整向量	0.004935	2.923521	3.841466	0.0873

最大特征值检验表明在5%的显著性水平下存在1个协整方程

*表示在5%的显著性水平下拒绝原假设；

**根据麦金农-豪格-米其利斯（MacKinnon-Haug-Michelis，1999）提出的临界值所得到的概率值

(3) 标准协整系数（括号中数字代表标准误）

ln*sp*3	ln*fu*3			
1.000000	-1.015495 (0.00414)			

同理，表5－14分析了第三期EUA现货与期货价格Granger因果关系，与第二期关系一致，期货价格是Granger引起现货价格变化的原因，现货价格是Granger引起期货价格变化的原因。期货价格对现货价格依然具有发现功能。

表5－14　EUA现货与期货价格Granger因果关系检验结果（第三期）

因变量：ln*sp*3			
滞后内生变量	卡方统计量	自由度	概率值
ln*sp*3	953.7726	2	0.0000
所有	953.7726	2	0.0000
因变量：ln*sp*3			
滞后内生变量	卡方统计量	自由度	概率值
ln*sp*3	19.16749	2	0.0001
所有	19.16749	2	0.0001

2. VAR模型估计

根据赤池信息准则（AIC）和施瓦茨（SC）准则，确定最大滞后阶数为2。表5－15第三期EUA期货与现货价格关系的VAR模型估计结果显示，期货与现货价格向量自回归模型的*R-squared*与*Adj. R-squared*均达到了0.97、0.99，拟合效果很好。

表5－15　EUA期货与现货价格关系的VAR模型估计结果（第三期）

解释变量与回归统计量		ln*sp*3	ln*fu*3
内生解释变量	ln*sp*3（－1）	0.078965 －0.05229 [1.51012]	－0.038723 －0.08027 [－0.48242]
	ln*sp*3（－2）	0.128939 －0.03347 [3.85223]	0.220644 －0.05138 [4.29437]
	ln*fu*3（－1）	1.031373 －0.034 [30.3346]	0.910468 －0.05219 [17.4448]

续表

解释变量与回归统计量		ln*sp*3	ln*fu*3
内生解释变量	ln*fu*3 (-2)	-0.232665 -0.05429 [-4.28545]	-0.107338 -0.08334 [-1.28795]
外生解释变量	C	-0.017633 -0.00857 [-2.05750]	0.02787 -0.01316 [2.11849]
每个方程的标准 OLS 回归统计量	拟合优度	0.987806	0.970341
	调整拟合优度	0.987723	0.970138
	残差平方和	0.478794	1.128206
	标准误	0.028584	0.043878
	F 统计量	11867.67	4792.971
	对数似然值	1264.865	1011.588
	AIC	-4.263503	-3.406389
	SC	-4.226432	-3.369318
	因变量均值	1.762514	1.770036
	因变量标准差	0.257974	0.253916
VAR 模型的回归统计量	残差的协方差行列式值(自由度进行调整以后)		9.45E-07
	残差的协方差行列式值		9.29E-07
	对数似然值		2427.188
	AIC 信息准则		-8.179993
	SC 准则		-8.105851

注:三行数据分别表示系数估计值、估计系数的标准差(圆括号中)、t 统计量(方括号中)。

3. 方差分解分析

表5-16与表5-17分别为EU ETS第三期EUA现货价格方差分解与期货价格方差分解。表5-16的分析结果显示,期货价格随机扰动项波动对现货价格方差变动的贡献率从第2期开始就达到40%以上,随后随着滞后期数的积累,贡献率逐渐增加,当达到滞后20期,贡献率为48.36%;现货价格

随机扰动项波动对现货价格方差变动的贡献率逐渐降低，当达到滞后 20 期，贡献率降低为 51.64%。表 5-17 的分析结果显示，现货价格随机扰动项对期货价格方差变动贡献很小，即使到滞后 20 期，贡献率依然仅为 1%；期货价格方差的变动贡献主要来自期货价格随机扰动项的波动。

表 5-16　　EUA 现货价格方差分解（第三期）

滞后期	标准误	ln*sp*3	ln*fu*3
1	0.028584	100.0000	0.000000
2	0.054765	59.00074	40.99926
3	0.065731	54.93301	45.06699
4	0.074156	54.68692	45.31308
5	0.082372	53.95206	46.04794
6	0.089606	53.37555	46.62445
7	0.096085	53.04064	46.95936
8	0.102065	52.77975	47.22025
9	0.107608	52.56815	47.43185
10	0.112770	52.40097	47.59903
11	0.117610	52.26419	47.73581
12	0.122167	52.14956	47.85044
13	0.126473	52.05248	47.94752
14	0.130555	51.96922	48.03078
15	0.134434	51.89700	48.10300
16	0.138130	51.83378	48.16622
17	0.141658	51.77798	48.22202
18	0.145032	51.72839	48.27161
19	0.148264	51.68403	48.31597
20	0.151364	51.64412	48.35588

表 5-17　　EUA 期货价格方差分解（第三期）

滞后期	标准误	ln*sp*3	ln*fu*3
1	0.028584	0.000000	100.0000
2	0.054765	0.021221	99.97878
3	0.065731	0.371719	99.62828
4	0.074156	0.577836	99.42216
5	0.082372	0.656249	99.34375
6	0.089606	0.728310	99.27169
7	0.096085	0.784663	99.21534
8	0.102065	0.825219	99.17478
9	0.107608	0.857515	99.14249
10	0.112770	0.883956	99.11604
11	0.117610	0.905712	99.09429
12	0.122167	0.923974	99.07603
13	0.126473	0.939544	99.06046
14	0.130555	0.952960	99.04704
15	0.134434	0.964638	99.03536
16	0.138130	0.974895	99.02511
17	0.141658	0.983973	99.01603
18	0.145032	0.992063	99.00794
19	0.148264	0.999316	99.00068
20	0.151364	1.005855	98.99415

5.4 本章小结

本章采用 VAR 模型、Johansen 协整检验、Granger 因果假设检验、脉冲响应函数、方差分解等计量经济学分析方法，研究了 EUA 期货价格与现货价格之间的关系，期货价格对现货价格的发现功能。研究样本来源于 EU ETS 第二期、第三期的 EUA 现货与期货交易价格数据，其中现货价格数据来自 EEX 的 EUA 现货收盘价，期货价格数据来源于 ICE ECX 的 EUA 的结算价。研究结果如下：

（1）第二期数据的实证分析结果显示：EEX 的 EUA 现货收盘价与 ICE ECX 的 EUA 期货结算价走势基本一致。Johansen 协整检验显示，EUA 现货与期货价格存在长期稳定关系，碳期货价格与现货价格序列在长期运动过程中相互牵制，即使发生偏离，经过调整仍按照一致的轨迹运行。EUA 碳期货与现货价格相互之间都有显著的 Granger 关系，期货价格是 Granger 引起现货价格变化的原因，现货价格是 Granger 引起期货价格变化的原因，在 EU ETS 第二期，EUA 的期货价格具有价格发现功能。脉冲响应函数分析显示，碳期货价格与现货价格对对方的标准差冲击波动反应比较显著，随着时间推移影响逐渐放缓，且持续时间较长，碳期货与现货价格在市场上具有相互引导作用。方差分解分析说明，碳期货价格随机扰动项冲击对现货价格方差变化的贡献率高于现货价格随机扰动项冲击对期货价格方差变化的贡献率。期货价格对现货价格的引导作用，比现货价格对期货价格的引导作用更强。

（2）第三期数据的实证分析结果显示：Johansen 协整与 Granger 因果关系检验说明，在第三期，期货价格与现货价格序列在长期运动过程中相互牵制，按照一致的轨迹运行。与第二期数据分析一致，期货价格是 Granger 引起现货价格变化的原因，现货价格是 Granger 引起期货价格变化的原因。期货价格对现货价格依然具有发现功能。方差分解分析说明，现货价格随机扰动项对期货价格方差变动贡献很小；期货价格方差的变动贡献主要来自期货价格随机扰动项的波动。

总体分析结果表明，EUA 期货与现货价格波动关系密切，期货对现货价格具有显著的发现功能。

第 6 章

碳金融市场期权定价研究

作为碳金融市场重要的衍生工具，自从 2005 年 ECX 推出了第一支基于 EUA 期货的期权交易合约以来，大量的基于碳期货的碳期权产品合约被开发，碳期权已成为碳金融市场一个非常重要的产品。碳期权合约增加了碳交易市场中减排企业、能源企业、金融机构等各类投资者多样化的投资渠道，扩大了选择范围；满足了不同机构的多样化的投资与交易动机；对各类机构进行规避碳资产价格波动风险起到了积极作用；对提供高效的信息交流平台，形成公开透明的交易价格起到了积极的作用。

碳期货的价格与碳现货的交易价格密切相关，而碳期权的价格又依赖于碳期货的价格。与碳现货价格形成机制与影响因素方面的研究相比，学者们在碳金融衍生品的价格形成机制，尤其是碳期权定价方面的研究还相对较少，因此，研究碳期权的定价问题，了解其价格特征，掌握其内在规律，有助于市场投资者套期保值、降低风险、增加收益，对活跃碳交易市场具有重要的作用。

6.1 碳金融市场期权产品价格分析

目前，国际碳金融市场上主要有 EUA 期货期权、CER 期货期权以及 ERU 期货期权等产品合约。在此，我们主要分析 EU ETS 中碳期权合约。目前，EU ETS 中碳期权产品是期货期权，及建立在碳期货基础上的金融衍生品，主要有看涨期权与看跌期权两大类合约。期权的价格受期货价格、执行价格、期货收益率的标准差、无风险利率、期权期限等因素影响，在此我们首先分析 EU ETS 中碳期权产品的价格走势。

我们选择了目前正在交易的有代表性的 ICE ECX 期权交易合约，其中看涨期权合约包括：2016 年 6 月到期的执行价格为 5 欧元的期权（MOM6C 5.00 Comdty）；2016 年 6 月到期，执行价格为 4 欧元的期权（MOM6C 4.00 Comdty）；2016 年 9 月到期，执行价格为 4 欧元的期权（MOU6C 4.00 Comdty）；2016 年 9 月到期，执行价格为 5 欧元的期权（MOU6C 5.00 Comdty）；2017 年 12 月到期，执行价格为 5 欧元的期权（MOZ7C 5.00 Comdty）。图 6－1 为看涨期权合约收盘价趋势。从图 6－1 来看，不同执行价格与到期日的期权合约产品价格遵循基本一致的走势，价格高低主要取决于不同的到期日、不同的执行价格等因素。看涨碳期权产品价格波动具有严格的规律性，对投资者来说具有很强的发现价格信息、规避风险功能。对于买入期权来说执行价格越高，买入期权价格越低，如执行价格为 4 欧元的期权产品 MOU6C 4.00 Comdty 与 MOM6C 4.00 Comdty，期权买入价格相对于其他执行价格更高的期权产品更高一些。对于买入期权，到期日越长，买入期权的时间价值越大，期权的买入价格应该越高，如 MOZ7C 5.00 Comdty 的期权买入价格明显高于 MOM6C 5.00 Comdty。

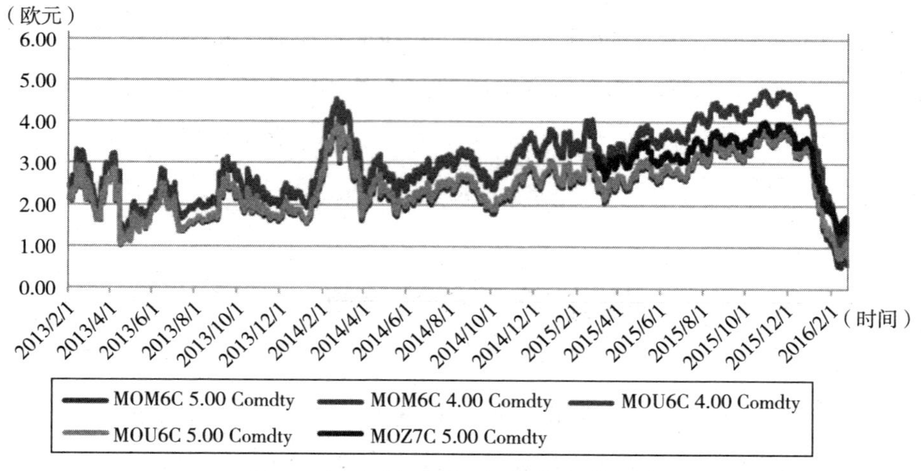

图 6－1　买入期权合约收盘价趋势

资料来源：彭博数据库。

看跌期权合约包括：2016 年 6 月到期，执行价格为 4 欧元的期权（MOM6P 4.00 Comdty）；2016 年 6 月到期，执行价格为 5.50 欧元的期权（MOM6P 5.50 Comdty）；2016 年 9 月到期，执行价格为 5 欧元的期权（MOU6P 5.00 Comdty）；2017 年 12 月到期，执行价格为 5 欧元的期权（MOZ7P 5.00 Comdty）。图 6－2 为看跌期权合约收盘价趋势。从图 6－2 来看，卖出期权的价格波动与买入期权一样，不同到期日、不同执行价格的期权虽然收盘价格有差异，但整体走势具有严格的规律性，呈现出一致的价格波动走势。例如，由于期权执行时间的差异（卖出期权的价格与到期时间同方向变动），MOZ7P 5.00 Comdty 的卖出价格明显高于 MOU6P 5.00 Comdty；由于期权执行价格的不同（卖出期权的价格与期权执行价格同方向变动），MOM6P 4.00 Comdty 的卖出价格明显低于 MOM6P 5.50 Comdty。

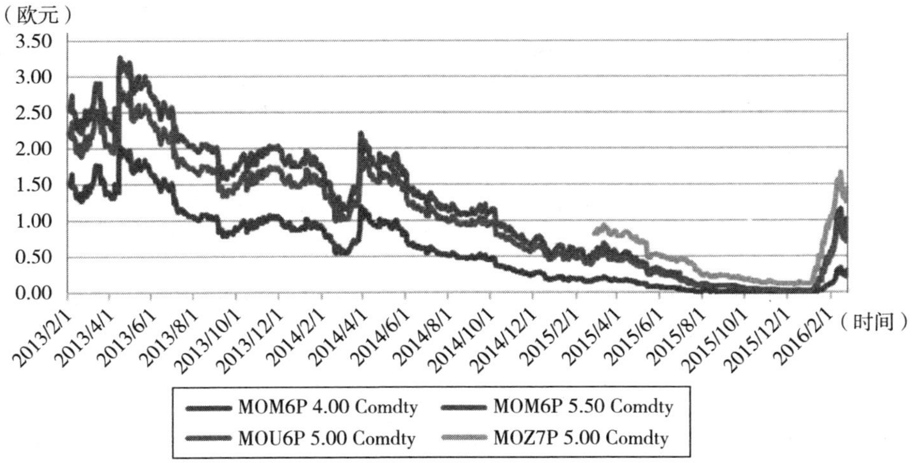

图 6－2　卖出期权合约收盘价趋势

资料来源：彭博数据库。

6.2 期权定价方法

期权合约是指合约赋予交易一方按预定的执行价格买入或卖出的权利，期权理论产生于 20 世纪 70 年代，随后研究者开始探索如何运用期权管理风险以及期权的定价问题，以便更好地选择这种无形的权利与机会。期权的价格是指在期权买卖过程中，双方在达成期权交易时，由买方向卖方支付的购买该项期权的金额。20 世纪 70 年代早期，费雪·布莱克（Fischer Black）与迈伦·斯科尔斯（Myron Scholes）合作研究出了 B-S 期权定价模型。同时其他的关于期权定价的模型也被研究者开发出来，如蒙特卡罗模拟法（Monte Carlo method）、二叉树法、Hull-White 期权定价法、分形布朗运动期权定价法等。下面我们主要简单介绍 B-S 期权定价模型、蒙特卡罗模拟法与二叉树法。主要参考了张燕玲（2011）、徐静等（2015）、韦伟和潘泽瀚（2014）、刘维泉（2013）、张晨等（2015）、朱跃钊等（2013）的相关研究。

6.2.1 B-S 期权定价模型

20 世纪 70 年代布莱克和斯科尔斯提出了 B-S 期权定价模型。该模型有以下基本假设：（1）金融市场是无摩擦的；（2）研究的标的期权为欧式期权；（3）市场的股票价格是连续的；（4）期权合约有效期以内，标的股票无红利，无风险利率为常数；（5）允许金融市场的股票卖空，出售者获利。

B-S 期权定价模型假设股票价格服从正态分布，基于无套利均衡理论，推导出了欧式期权定价公式，其中看涨期权定价模型为：

$$C(x,t) = \phi(d_1) \cdot x - \phi(d_2) \cdot ke^{[-r(T-t)]} \tag{6.1}$$

无套利均衡是从单个经济行为者追求利益最大化的假定推导得出的。式（6.1）中 $\phi(d)$ 代表标准累积正态分布函数，对于给定变量 d，服从平均值为 0、标准差为 1 的标准正态分布 N（0，1）的概率。

$$d_1 = \frac{\ln(x/k) + (r + \sigma^2/2)(T - t)}{\sigma\sqrt{T - t}}$$

$$d_2 = \frac{\ln(x/k) + (r - \sigma^2/2)(T - t)}{\sigma\sqrt{T - t}} = d_1 - \sigma\sqrt{T - 1} \tag{6.2}$$

其中，$C(x,t)$ 表示时刻 t 标的资产价格为 x 时看涨期权的价值，r 代表无风险利率，T 代表期权的有效期，σ 代表标的资产收益的波动率，k 代表期权的执行价格。

同时，看跌期权定价公式为：

$$P(x,t) = (\phi(d_1) - 1) \cdot x + (1 - \phi(d_2)) \cdot ke^{[-r(T-t)]} \quad (6.3)$$

其中，$P(x,t)$ 表示时刻 t 标的资产价格为 x 时看跌期权的价值。

B-S 期权定价模型具有两个重要特性：（1）模型依据可观察变量（如期权执行价格、标的资产的收益率波动率、无风险利率、期权期限等）计算期权的价格；（2）模型不考虑投资者的风险偏好，即不包含预期收益率变量。

6.2.2 二叉树期权定价法

1979 年考克斯（Cox）、罗斯（Ross）和鲁宾斯坦（Rubinstein）提出了二叉树期权定价法。由于该方法不需要太多数学知识，运用简单直观，既可以进行欧式期权定价研究，也可以进行美式期权定价研究，因此，二叉树期权定价法被广泛地应用，并逐渐发展成为期权定价基本方法之一。

假设期权价格遵循几何布朗运动，在风险中性条件下，状态变量上升的概率 p 可表示为：

$$p = \frac{e^{r\Delta t} - d}{u - d} \quad (6.4)$$

其中，Δt 为时间间隔，u、d 代表 Δt 末期权价格上升或下降的倍数，r 为无风险利率。

二叉树期权定价法采用倒推法计算期权的初始价格。$T - \Delta t$ 时刻，即二叉树的每一节点期权价值，可以通过将 T 时刻期权价值通过无风险利率贴现计算得到。同理，$T - 2\Delta t$ 时刻节点的期权价格依然可以通过贴现计算，依次倒推，可以求得期权当前价值。

假设二叉树的末端，即期权到期日，看涨期权价值为 $\max[(S - X), 0]$，看跌期权价值为 $\max[(X - S), 0]$，假设二叉树节点到末端时间段，期权价格上涨的概率为 p，期权价格下跌的概率为（$1 - p$），通过倒推计算，期权初始时间点的价值为：

$$F_t = e^{-r\Delta t}[p \times F^u_{t+\Delta t} + (1 - p) \times F^d_{t+\Delta t}] \quad (6.5)$$

其中，F_t 是时间 t 的期权价格，$F^u_{t+\Delta t}$ 代表 $t+\Delta t$ 时刻价格上升的期权价值，$F^d_{t+\Delta t}$ 代表 $t+\Delta t$ 时刻价格下跌的期权价值。

美式期权需要在二叉树的每个节点做出执行或继续等待的决策，其期权价格计算的公式是：

$$\max\{F_t - K, e^{-r\Delta t}[p \times F^u_{t+\Delta t} + (1-p) \times F^d_{t+\Delta t}]\} \tag{6.6}$$

对于比较复杂的期权，如亚式期权，或者存在多个不确定性的期权，通过二叉树法定价就比较困难，采用蒙特卡罗模拟法更合适。

6.2.3 蒙特卡罗模拟期权定价法

蒙特卡罗模拟法是建立在数理统计理论基础上的期权定价方法，实质是通过模拟期权价格随机运动路径，计算期权价值的期望值。自从 1977 年蒙特卡罗模拟法被波义耳（Bolye）运用于欧式衍生期权定价分析后，随后被广泛地应用于期权定价分析领域。

根据无套利定价理论，在风险中性条件下，金融衍生工具价格等于其期望价值的折现值。因此，假设风险中性概率测度是 Q，金融衍生工具 D 的收益取决于标的资产 S_1，S_2，S_3，…，S_n，从概率空间取样本 ω，令金融衍生工具的价值 $D(S_1(\omega), S_2(\omega), S_3(\omega), \cdots, S_n(\omega)) = D(\omega)$，对所有样本的期望价值进行折现（折现率为无风险利率），可得金融衍生工具的当前价值：

$$D_0 = \mathrm{d}f_T \int_\Omega \mathrm{D}(\omega) dQ(\omega) \tag{6.7}$$

其中，$\mathrm{d}f_T$ 代表折现因子。

生成样本路径，选取样本平均值，计算积分近似值。假设生成 N 个样本，简单计算公式为：

$$D_0 \approx \mathrm{d}f_T \frac{1}{N} \sum_{\omega \in SampleSet} D(\omega) dQ(\omega) \tag{6.8}$$

假设标的资产价格遵循几何布朗运动，将时间 $[0,T]$ 分成间隔为 δt 的 M 个单位，通过（0，δt）正态分布，表示间隔为 δt 的布朗运动，生成样本路径：

$$S(k\delta t) = S(k-1)\delta t\exp\left(\left[(\mu - \frac{\sigma^2}{2})\delta t + \sigma\sqrt{\delta t}\varepsilon_k\right]\right) \tag{6.9}$$

其中，$k = 1,2,\cdots,M$，$\varepsilon_t \sim N(0,1)$ 是从标准正态分布中随机抽取的。

假设期权标的资产收益函数是 $D(S,t)$，N 为生产的样本路径，蒙特卡罗模拟法表示的期权价值为：

$$D_0 = \mathrm{d}f_T \frac{1}{N}\sum_{j=1}^{N} D_f(S,t) \tag{6.10}$$

蒙特卡罗模拟法的缺点是计算比较复杂，计算时间随研究问题的维数成指数倍增长，另外，该方法主要用于欧式期权定价研究。

6.3 碳期权定价研究

6.3.1 研究模型选择

在期权定价模型上，可以说 B-S 期权定价模型是最为常用也是比较简单容易计算的方法。但是 B-S 期权定价模型要求标的资产收益率服从正态独立同分布，并假设标的金融资产的收益波动固定不变。但随着研究的深入，越来越多的学者发现了 B-S 期权定价模型对方差固定假设的局限性，大量金融资产分析数据显示，金融资产时间序列波动呈现尖峰厚尾的特征，其波动值是随机变化而非固定的。

20 世纪 60 年代，著名金融学家法玛（Fama）在研究中发现，投机性价格和收益率变化具有波动集群现象，即条件方差在不断变化。恩格尔（Engle）于 1982 年提出了自回归条件异方差模型（ARCH）。通过 ARCH 模型，可以计算随时间而变化的条件方差。博勒斯莱文（Bollerslev）在此基础上提出了广义自回归条件异方差（GARCH）模型。学者们通过大量实证发现，GARCH 模型非常适合于波动性的金融时间序列建模、估计和预测。其优点主要在于，GARCH 模型可以准确地捕捉到金融时间序列波动的特征，考虑了金融时间序列的波动集群性，有效地排除金融资产收益率的过度峰值。因此，学者们在期权定价研究过程中，将 GARCH 模型与

B-S 期权定价模型相结合，有效地克服了 B-S 期权定价模型的缺陷。

作为碳期权的标的资产碳期货，其交易价格随时间波动，有时候波动比较稳定，有时候波动比较剧烈。本节采取 GARCH 模型对标的期货收益率的波动方差进行预测，并在此基础上采用 B-S 期权定价模型对碳期权定价进行预测分析。

6.3.2 研究样本

本节选择了 ICE ECX 期权产品作为研究样本。看涨期权样本为：2016 年 9 月到期，执行价格为 5 欧元的买入期权（MOU6C 5.00 Comdty），交易数据期限为 2013 年 2 月 1 日至 2016 年 2 月 25 日；2017 年 12 月到期，执行价格为 5 欧元的买入期权（MOZ7C 5.00 Comdty），交易数据期限为 2015 年 2 月 27 日至 2016 年 2 月 25 日。

看跌期权样本为：2016 年 9 月到期，执行价格为 5 欧元的卖出期权（MOU6P 5.00 Comdty），交易数据期限为 2013 年 2 月 1 日至 2016 年 2 月 25 日；2017 年 12 月到期，执行价格为 5 欧元的卖出期权（MOZ7P 5.00 Comdty），交易数据期限为 2015 年 2 月 27 日至 2016 年 2 月 25 日。

期权对应的标的期货样本为：2016 年底到期的 MOZ6 Comdty 期货合约，交易数据日期为 2010 年 8 月 6 日至 2016 年 2 月 25 日；2017 年底到期的 MOZ7 Comdty 期货合约，交易数据日期为 2010 年 8 月 6 日至 2016 年 2 月 25 日。

6.3.3 研究步骤

第一，计算标的期货（MOZ6 Comdty 与 MOZ7 Comdty）的日收益率序列，根据收益率序列，采用 GARCH 模型预测碳期权产品交易期内标的期货收益波动率；第二，采用 B-S 期权定价模型计算预测碳期权价格；第三，将碳期权预测价格与实际收盘价进行比较，评价碳期权价格预测模型预测的准确性。

6.3.4 数据来源

本节看涨期权 MOU6C 5.00 Comdty、MOZ7C 5.00 Comdty 与看跌期权 MOU6P 5.00 Comdty、MOZ7P 5.00 Comdty 的期权合约交易日实际收盘价，标的期货 MOZ6 Comdty 与 MOZ7 Comdty 的交易日结算价均来自彭博数据库；碳期权交易期内标的期货收益率的波动率通过 GARCH 模型预测；无风险利率选择欧元区 3 年期公债收益率，数据来自万德数据库。

6.3.5 买入期权研究结果

图 6－3 与图 6－4 分别为 MOU6C 5.00 Comdty、MOZ7C 5.00 Comdty 期权合约价格预测值与实际收盘价的比较结果。理论上，期权的预测价格主要取决于期货的合约价格、期权执行价格、期权期限、无风险利率等因素。

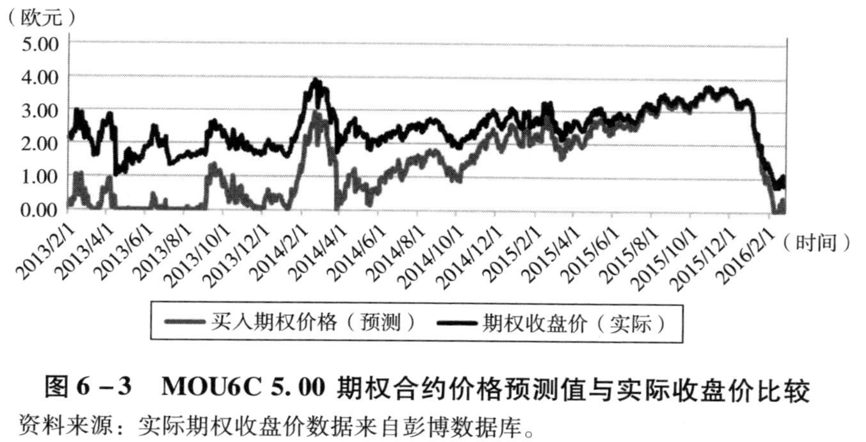

图 6－3　MOU6C 5.00 期权合约价格预测值与实际收盘价比较

资料来源：实际期权收盘价数据来自彭博数据库。

从实证结果来看，通过 GARCH 模型与 B-S 期权定价模型相结合的模型计算的期权价格预测值一定程度上模拟了期权合约交易日的实际收盘价，但与实际收盘价相比还有一定的误差。例如 MOU6C 5.00 Comdty 期权合约价格预测值与实际收盘价最大偏差达到 100%，偏差绝对值平均水平为 46.71%，大部分时间阶段预测价格低于实际收盘价。尤其是在

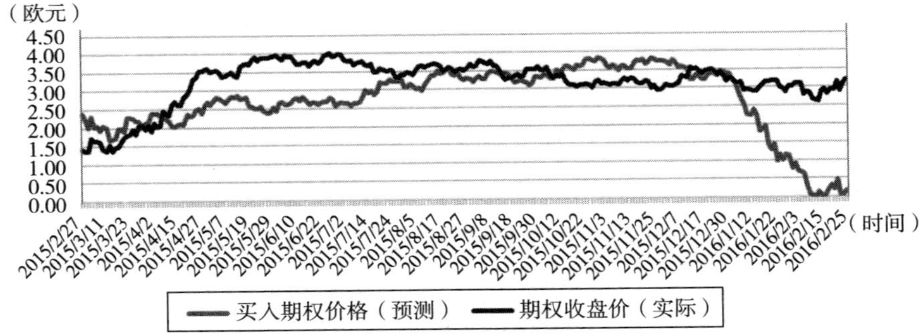

图 6 -4　MOZ7C 5. 00 期权合约价格预测值与实际收盘价比较

资料来源：实际期权收盘价数据来自彭博数据库。

研究样本期限前半段 MOZ6 Comdty 期货合约结算价比较低（见图 6 -5），因此，MOU6C 5. 00 Comdty 期权合约价格预测的理论价值也偏低，与期权合约实际结算价误差比较大；MOZ7C 5. 00 Comdty 期权合约价格预测值与实际收盘价偏差最大，也接近 100%，偏差绝对值平均水平为 24. 44%，尤其是 2016 年以来，期权合约预测值与实际收盘价偏差越来越大。

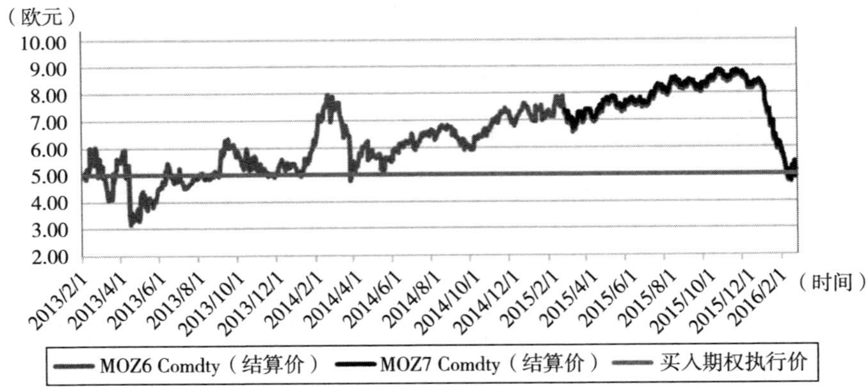

图 6 -5　买入期权执行价与标的期货合约结算价比较

资料来源：彭博数据库。

可以说，通过 GARCH 模型与 B-S 模型相结合的期权定价方法，计算的买入碳期权的理论价格在一定程度上预测了期权的价格，但与期权合约的实际收盘价相比还有一定的误差。

6.3.6　卖出期权研究结果

根据B-S期权定价模型，卖出期权的预测价格主要取决于标的基础期货的价格、期权执行价格、标的期货收益率的波动性、到期时间等因素。标的基础期货价格越高，卖出期权价格越低；期权执行价格越高，卖出期权价格越高；标的期货收益率的波动性越大，卖出期权价格越高；到期时间越长，卖出期权价格越高。

我们选择的分析样本MOU6P 5.00 Comdty期权合约对应的标的期货是MOZ6 Comdty，在分析期间内，期货结算价格长期高于期权合约的执行价格；MOZ7P 5.00 Comdty期权合约样本对应的标的期货是MOZ7 Comdty，在分析期间内，期货结算价格长期高于期权合约的执行价格（见图6-6）。由此导致卖出期权样本通过模型计算的理论预测价格长期处于0。因此，我们通过GARCH模型与B-S期权定价模型相结合的模型计算的卖出期权价格预测值与期权合约交易日的实际收盘价误差较大，且大部分时间情况下，卖出期权的预测价格为0（见图6-7、图6-8）。

图6-6　MOU6P 5.00期权合约价格预测值与实际收盘价比较

资料来源：实际期权收盘价数据来自彭博数据库。

因此，通过GARCH模型与B-S期权定价模型相结合的模型的定价方法，计算卖出碳期权研究样本的预测价格与实际收盘价存在很大的误差。

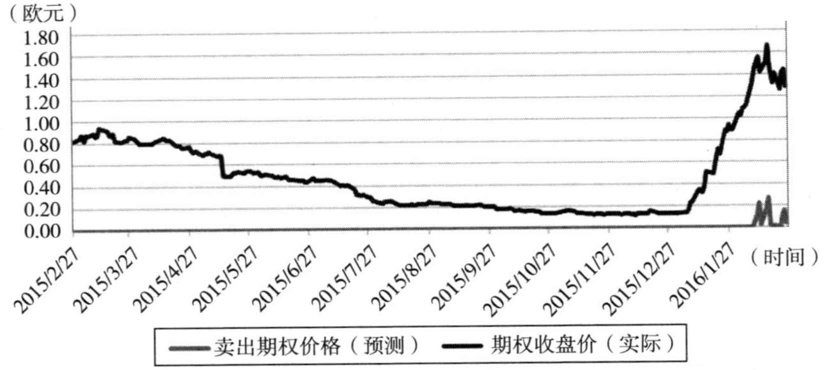

图 6－7　MOZ7P 5.00 期权合约价格预测值与实际收盘价比较

资料来源：实际期权收盘价数据来自彭博数据库。

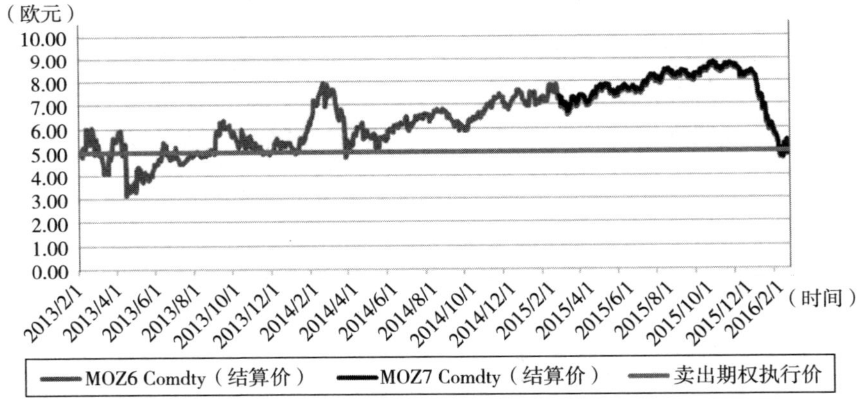

图 6－8　卖出期权执行价与标的期货合约结算价比较

资料来源：彭博数据库。

6.4 本章小结

碳期货的价格与碳现货的交易价格密切相关，而碳期权的价格又依赖于碳期货的价格。碳期权合约满足了碳交易市场中减排企业、能源企业、金融机构等不同机构的多样化的投资与交易动机；对各类机构进行规避碳资产价格波动风险起到了积极的作用；对提供高效的信息交流平台，形成公开透明的交易价格也起到了积极的作用。本章建立了 GARCH 模型与B-S 期权定价模型，以 ICE ECX 买入期权合约和卖出期权合约为分析样本，研究碳期权的定价机制。研究结果显示：

（1）本章选择了 ICE ECX 看涨期权合约（MOM6C 5.00 Comdty、MOM6C 4.00 Comdty、MOU6C 4.00 Comdty、MOU6C 5.00 Comdty、MOZ7C 5.00 Comdty）与看跌期权合约（MOM6P 5.00 Comdty、MOM6P 5.50 Comdty、MOU6P 5.00 Comdty、MOZ7P 5.00 Comdty）分析期权价格走势情况，结果显示，看涨期权的价格虽受不同到期日、不同执行价格等因素影响而有所不同，但所有看涨期权合约产品价格遵循基本一致的走势。看跌期权不同合约的价格也遵循一致的走势。

（2）通过 GARCH 模型与 B-S 期权定价模型，预测比较期权的理论价格与实际收盘价。通过模型计算的买入碳期权的理论价格在一定程度上预测了期权的实际收盘价格，但与期权合约的实际收盘价相比还有一定的误差。由于卖出期权合约的标的期货的结算价格长期高于期权合约的执行价格，导致计算的理论预测价格长期处于 0，卖出碳期权研究样本的预测价格与实际收盘价存在很大的误差。说明 GARCH 模型与 B-S 期权定价模型预测的碳期权合约理论价值与期权实际交易收盘价格存在一定的差异。

第7章

结论与展望

7.1 研究结论

碳金融市场的价格机制是碳交易市场有效运行的基础，对促进全球碳市场的发展具有极其重要的意义。但碳金融市场作为一个新兴的市场，特殊的排放权产品以及不成熟、不统一的市场体系导致碳金融市场相关产品与其他产品相比，价格呈现出极大的特殊与不稳定性。因此，本书通过文献研究比较法、计量经济模型实证分析等方法，系统研究了一级市场碳配额的价格形成机制，以及二级市场碳配额现货、期货、期权的价格运行或定价机制，便于我们更加深入地认识碳金融市场相关产品的价格机制与运行规律。通过分析，本书得到以下研究结论：

7.1.1 碳排放配额分配机制

一级市场碳配额的价格，主要由受减排控制目标影响的配额分配额度、配额分配方式，以及市场需求等因素决定。配额供给情况与供给方式将对二级市场上的交易价格高低与波动起决定作用。本书系统研究了国际上碳排放配额的主要分配方式、国外主要碳交易体系的碳配额分配方式，以及中国试点省市碳排放配额的分配方式。具体结论包括：

（1）作为直接影响碳排放配额交易价格的碳配额分配方式，目前主要有免费分配、出售分配、混合分配三种。其中，免费分配方式包括祖父分配法和基准分配法，出售分配方式包括拍卖分配和固定价格出售分配，国际上现在运用比较多的是渐进混合分配方式或行业混合分配方式。

（2）祖父分配法的优势是较为简单，只依靠历史排放数据，有利于刺激市场主体参与交易的积极性，不会对企业的经营带来过大的影响；但存在违反“污染者付费”原则，对先期行动者有失公平，提高了新企业进入市场的门槛，适用范围窄，企业的游说增加分配方式设计的成本等缺陷与不足。基准分配法有利于奖励减排先行者，对新增企业或产能更公平，碳泄漏问题得到有效改善，分配方法更简单易行；但根据各个行业的碳排放密度设定行业基准值计算较为复杂，容易遭到效率低下的落后企业抵制。

（3）拍卖方式在价格发现功能和优化资源配置方面具有明显优势；具有“双重红利”效应，增加了社会福利；激励减排效果更佳，促进了企业研发碳减排技术；分配过程更透明、更有效率。但拍卖分配方式容易增加企业履约成本，削弱减排企业竞争力，降低企业的参与积极性，干扰碳交易二级市场。

（4）在配额分配机制上，不同的交易体系采取了不同的配额分配方式。EU ETS免费分配方式从祖父制逐渐过渡到基准法，且拍卖比例逐渐提高。RGGI的碳配额分配基本采用拍卖方式，供求力量对其碳配额的初始价格起了决定性作用，初始价格在确定过程中更公平、更有效率，为二级市场的交易价格提供了参考；RGGI对拍卖价格设定底线，利用成本控制储备成功维护配额价格的安全阀，有助于稳定一级市场初始价格及二级市场配额交易价格。CAL ETS采取前期免费分配，逐步拍卖的配额分配方式；建立了基于排放效率对标的配额分配方法。AU ETS第一期采取固定价格出售，为了减轻控排企业的成本负担，对一些工业企业提供了免费配额援助；第二期的灵活价格机制（主要是拍卖）被“减排基金”（ERF）政策所取代。

（5）中国碳交易市场体系更多地借鉴了欧盟、美国等的碳排放交易体系的有关经验，7个试点省市在配额分配上采用祖父制与基准制相结合的方式；配额分配以免费分配为主，有偿为辅；广泛地使用核证的中国温室气体减排量（CCER）用于配额抵消；各试点省市均采取了保护市场价格稳定的措施。

7.1.2 碳配额现货交易价格波动与运行机制

本书以EU ETS下的BlueNext交易所第一期、第二期EUA交易现货价格，EEX交易所第一期、第二期、第三期EUA交易现货价格，以及中国试点省市碳配额交易的现货价格为分析样本，采用文献研究、描述性统计分析与计量经济模型，系统研究了碳现货价格的波动特点，以及碳现货价格运行的影响因素。具体结论包括：

（1）碳交易市场配额现货的交易价格主要由供给与需求两方面因素所决定。供给因素主要包括配额政策（配额数量、分配方式、跨期储备制度等）、碳减排技术、碳税政策、其他减排履约机制项目供给情况等；需求因素主要包括经济发展水平、能源价格水平、金融市场及气候因素等。

（2）本书以BlueNext交易所第一期、第二期EUA交易现货价格与EEX交易所第一期、第二期、第三期EUA交易现货价格为样本，分析欧洲碳交易市场EUA现货价格波动的特点。分析结果显示：两个碳交易市场EUA现货价格波动趋势基本一致。第一期，EU ETS缺乏配额分配经验，基础排放源数据不足，再加上各成员国为获得更多碳配额积极游说，最终该时期的减排目标总量远超实际排放量，配额供给过剩，交易市场遭受极大打击。第二期，受2008年全球金融危机和2010年欧债危机的影响，欧盟国家经济复苏乏力，能源消费产生的碳排放量下降，更加衬托出配额总量过剩，很大程度上导致了EU ETS碳交易市场的低迷。同时，气候变化国际谈判的不确定性也一定程度上导致碳交易价格在震荡中不断下降。第三期，目前来看交易价格一直较低，配额剩余将更加突出。欧盟计划对交易机制进行大幅度改革，以避免内部市场失灵。

（3）欧盟碳交易体系下配额交易现货价格波动影响因素的实证分析显示：在能源市场方面，煤炭价格、石油价格、电力价格与碳配额现货价格都存在正相关关系，说明能源市场是影响碳交易现货市场价格波动的重要因素，当市场对能源需求增加，能源价格上升，碳排放量增加，市场对排放配额的需求增加，配额交易价格上升。在金融市场方面，BlueNext交易所第二期EUA现货价格、EEX交易所第二期EUA现货价格与法兰克福DAX股价指数存在正相关关系，EEX交易所第三期EUA现货价格与法兰克福DAX股价指数相关关系未通过t统计量检验。在BlueNext交易所第二期EUA现货价格、EEX交易所第二期EUA现货价格、第三期EUA现货价格检验中，FS100指数都未通过t统计量检验，说明股票金融市场与碳配额现货价格关系在不同的交易时期、不同的交易所之间，存在不一致的关系。其原因可能是碳交易市场体系建设不完善，EU ETS建设一直处于在摸索中前进，在配额供给方面仍需不断完善优化，碳交易现货价格波动较大，与其他金融市场的相关关系不太显著。代表宏观经济水平的欧元区经济景气指数、欧元区制造业PMI影响因素方面，BlueNext交易所第二期EUA现货价格、EEX交易所第二期EUA现货价格与欧元区经济景气指数、欧元区制造业PMI等解释变量的相关关系，都未通过t统计量检验。EEX交易所第三期EUA现货价格与欧元区经济景气指数存在正相关关系，与欧元区制造业PMI指数存在负相关关系，进一步说明了欧盟碳交易市场的不成熟，在不同的交易所、交易时期，碳配额交易现货价格与代表宏观经济水平的变量关系不稳定。

（4）中国碳交易试点省市（北京、天津、上海、深圳、广东、湖北）的配额交易价格波动影响因素实证检验显示：中国碳排放配额交易现货价格与代表宏观社会经济发展水平的PMI高度正相关，与代表能源价格的煤炭价格指数也高度正相关，与代表气候因素的月平均温度负相关。代表交易制度、配额分配、履约情况等相关信息的政策变量与碳现货关系不明显，原因可能是中国碳排放交易市场运行时间较短，政策变量信息较少；政策变量与碳配额交易的价格更多的是一种非线性关系，或者是一种突变影响。代表宏观社会经济变量的上证综合指数与碳配额交易价格存在负相关关系，可能是由于中国股票市场与中国的宏观经济层面的关系有时候背离程度比较大，股票指数难以作为反映宏观经济的“晴雨表”。

7.1.3　碳金融衍生品价格运行与定价机制

碳期货、期权等金融衍生品对发现价格、扩大投资者投资渠道、套期保值、规避风险、活跃市场具有极其重要的意义。本书采用 VAR 模型、GARCH 模型与 B-S 期权定价模型为分析方法，以 EEX、ICE ECX 的 EUA 相关产品价格为样本，系统研究了碳期货对现货价格的发现功能、碳期权的定价机制。具体研究结论包括：

（1）碳期货与现货价格波动关系密切，期货对现货价格具有显著的发现功能。第二期 EEX 的 EUA 现货收盘价与 ICE ECX 的 EUA 期货结算价走势基本一致。Johansen 协整检验显示，碳现货与期货价格存在长期稳定关系，碳期货价格与现货价格序列在长期运动过程中相互牵制，即使发生偏离，经过调整仍按照一致的轨迹运行。EUA 碳期货与现货价格相互之间都有显著的 Granger 关系，期货价格是 Granger 引起现货价格变化的原因，现货价格是 Granger 引起期货价格变化的原因，EU ETS 第二期的 EUA 期货价格具有价格发现功能。脉冲响应函数分析显示，碳期货价格与现货价格对对方的标准差冲击波动反应比较显著，随着时间推移影响逐渐放缓，且持续时间较长，碳期货与现货价格在市场上具有相互引导作用。方差分解分析说明，碳期货价格随机扰动项冲击对现货价格方差变化的贡献率高于现货价格随机扰动项冲击对期货价格方差变化的贡献率。期货价格对现货价格的引导作用，比现货价格对期货价格的引导作用更强。第三期交易数据实证分析得出与第二期基本一致的分析结果。

（2）ICE ECX 不同的看涨期权合约与看跌期权合约价格走势分析显示，看涨期权的价格虽受不同的到期日、不同的执行价格等因素影响，但所有看涨期权合约产品价格遵循基本一致的走势。看跌期权不同合约的价格也遵循一致的走势。通过 GARCH 模型与 B-S 期权定价模型的计算发现，通过模型计算的买入碳期权的理论价格在一定程度上预测了期权的实际收盘价格，但与期权合约的实际收盘价相比还有一定的误差。由于卖出期权合约的标的期货的结算价格长期高于期权合约的执行价格，导致计算的理论预测价格长期处于 0，卖出碳期权研究样本的预测价格与实际收盘价存在很大的误差。说明 GARCH 模型与 B-S 期权定价模型预测的碳期权合约理论价值与期权实际交易收盘价格存在一定的差异。

7.2 研究展望

本书在研究样本的选择上，主要以EU ETS下的ICE ECX、EEX交易所、BlueNext交易所的EUA交易价格数据和中国碳交易试点省市的碳排放配额交易价格数据为样本。虽然在研究数据的选择上，尽可能覆盖更长的时间跨度周期、更多的交易所，但碳金融市场具有分割性，除了欧盟排放交易体系（EU ETS），还包括区域温室气体减排行动（RGGI）、加州碳排放交易体系（CAL ETS）、澳大利亚碳排放交易体系（AU ETS）等其他交易体系的定价机制与价格运行机制。另外，在产品选择上，本书主要分析了EUA相关产品，在交易市场上还存在基于配额的AAU，基于项目的CER、ERU等相关现货与金融衍生品。由于碳金融市场作为一个新事物，不同市场的机制设计有差异，市场发展成熟度不同，不同市场的定价与价格运行机制也有不同的分析结果。虽然研究数据的获取有一定难度，但为了更加全面的认识碳金融市场的定价与价格运行机制，在研究对象的选择上，有待于进一步扩大。

本书在研究方法的选择上，主要以计量经济模型为主。考虑到碳金融市场的复杂性与相关产品价格的不稳定性，在碳金融市场相关产品的定价与价格运行机制的研究上，如果采用一些非线性模型或其他模型（如博弈论模型、系统动力学模型、可计算一般均衡模型以及其他期权定价模型等）分析也许会有不同或者更好的结果。因此，在研究方法的选择上，有待于进一步地深入。

参考文献

[1] 卞慧莉：《碳排放权现货价格定价问题研究》，吉林大学 2013 年硕士论文。

[2] 陈浩民：《新西兰碳排放交易体系：现状、特色及启示》，载于《国际经济合作》2012 年第 11 期。

[3] 陈晓红、王陟昀：《碳排放权交易价格影响因素实证研究——以欧盟排放交易体系（EU ETS）为例》，载于《系统工程》2012 年第 2 期。

[4] 陈欣、刘明、刘延：《碳交易价格的驱动因素与结构性断点——基于中国七个碳交易试点的实证研究》，载于《经济问题》2016 年第 11 期。

[5] 程炜博：《碳金融市场参与主体和交易客体及其影响因素分析》，吉林大学 2015 年博士论文。

[6] 崔宇明、常云昆：《环境经济外部性的内部化路径比较分析》，载于《开发研究》2007 年第 3 期。

[7] 丁丁：《中国碳金融市场研究》，安徽大学 2012 年硕士论文。

[8] 杜建国：《我国全面启动碳交易市场》，载于《生态经济》2018 年第 3 期。

[9] 杜莉、韩丽娜：《论碳金融体系及其运行架构》，载于《吉林大学社会科学学报》2010 年第 5 期。

[10] 杜莉、张云：《如何在碳金融交易中合理界定政府与市场的关系？——理论与实证》，载于《吉林大学学报（哲学社会科学版）》2015 年第 1 期。

[11] 杜子平、孟琛、刘永宁：《我国全面启动碳交易市场面临的机遇与挑战——基于“一带一路”战略背景》，载于《财会月刊》2017 年第 34 期。

[12] 冯建芬、夏传信、王春霞:《碳排放权价格建模与碳债券估值》,载于《河北经贸大学学报》2018 年第 1 期。

[13] 冯路、王天庆:《中国碳排放权初始分配定价研究》,载于《学习与实践》2014 年第 4 期。

[14] 付强、郑长德:《排放权初始分配方式及我国的选择》,载于《西南民族大学学报(人文社科版)》2013 年第 10 期。

[15] 高铁梅:《计量经济分析方法与建模》,清华大学 2006 年版。

[16] 高杨、李健:《基于 EMD - PSO - SVM 误差校正模型的国际碳金融市场价格预测》,载于《中国人口·资源与环境》2014 年第 6 期。

[17] 郭白滢、周任远:《我国碳交易市场价格周期及其波动性特征分析》,载于《统计与决策》2016 年第 21 期。

[18] 郭福春、潘锡泉:《碳市场:价格波动及风险测度——基于 EU ETS 期货合约价格的实证分析》,载于《财贸经济》2011 年第 7 期。

[19] 郭文军:《中国区域碳排放权价格影响因素的研究——基于自适应 Lasso 方法》,载于《中国人口·资源与环境》2015 年第 S1 期。

[20] 何梦舒:《我国碳排放权初始分配研究——基于金融工程视角的分析》,载于《管理世界》2011 年第 11 期。

[21] 郇志坚、陈锐:《碳排放权市场价格发现功能的实证分析》,载于《上海金融》2010 第 7 期。

[22] 郇志坚、李青:《碳金融:原理、功能与风险》,载于《金融发展评论》2010 年第 8 期。

[23] 黄飞鸿:《基于欧盟碳排放贸易体系的碳金融衍生品定价研究》,广东商学院 2011 年硕士论文。

[24] 黄明皓、李永宁、肖翔:《国际碳排放交易市场的有效性研究——基于 CER 期货市场的价格发现和联动效应分析》,载于《财贸经济》2010 年第 11 期。

[25] 洪涓、陈静:《国际碳排放权交易价格关系实证研究》,载于《中国物价》2010 年第 1 期。

[26] 胡东滨、汪静、陈晓红:《配额免费分配法下市场结构对碳交易市场运行效率的影响》,载于《中国人口·资源与环境》2017 年第 2 期。

［27］吉宗玉：《我国建立碳交易市场的必要性和路径研究》，上海社会科学院 2011 年博士论文。

［28］贾君君、许金华、范英：《欧盟碳排放权市场重大公告事件对碳价格的影响》，载于《中国科学院院刊》2017 年第 12 期。

［29］江淑敏、徐天祥：《我国碳市场构建的设想》，载于《中国新技术新产品》2009 年第 10 期。

［30］姜晓川：《我国碳排放权初始分配制度研究》，江西财经大学 2011 年硕士论文。

［31］金龙：《二氧化碳排放权现货及期货价格研究》，清华大学 2010 年硕士论文。

［32］荆克迪：《中国碳交易市场的机制设计与国际比较研究》，南开大学 2014 年博士论文。

［33］劳纯燕：《欧美碳金融市场体系研究》，浙江工业大学 2011 年硕士论文。

［34］李朝鹏、易兰、杨历：《化石能源市场对深圳碳市场价格的影响研究》，载于《管理现代化》2017 年第 5 期。

［35］李卢霞、黄旭：《我国商业银行开展低碳金融业务的风险分析》，载于《经济研究参考》2010 年第 70 期。

［36］李敏：《完善我国碳金融市场的路径研究》，天津财经大学 2013 年硕士论文。

［37］李子奈、叶阿忠：《高等计量经济学》，清华大学出版社 2000 年版。

［38］林健：《碳市场发展》，上海交通大学出版社 2013 年版。

［39］刘长松：《国外碳金融产业组织体系研究》，载于《金融教学与研究》2010 年第 6 期。

［40］刘惠萍、宋艳：《启动全国碳排放权交易市场的难点与对策研究》，载于《经济纵横》2017 年第 1 期。

［41］刘倩、王遥：《碳金融全球布局与中国的对策》，载于《中国人口·资源与环境》2010 年第 8 期。

［42］刘维泉：《国际碳排放期权套期保值分析：以 EU ETS 为例》，

载于《软科学》2013 年第 4 期。

［43］刘新宇：《碳排放权初始分配方式如何选择》，载于《环境经济》2013 年第 12 期。

［44］刘英、张征、王震：《国际碳金融及衍生品市场发展与启示》，载于《新金融》2010 年第 10 期。

［45］刘宇萍：《我国碳金融产品价格影响因素及定价机制研究》，华北电力大学 2017 年硕士论文。

［46］刘月：《碳交易市场体系比较分析研究》，山东大学 2014 年硕士论文。

［47］陆敏、苍玉权：《构建统一的碳交易市场》，载于《中国金融》2015 年第 24 期。

［48］吕晓玥、简迎辉、许长新：《江苏碳排放期权价格测算及清洁发展机制对策——基于 B-S 模型的定价分析》，载于《价值工程》2014 年第 17 期。

［49］马艳艳、王诗苑、孙玉涛：《基于供求关系的中国碳交易价格决定机制研究》，载于《大连理工大学学报（社会科学版）》2013 年第 3 期。

［50］［美］N. 格里高利·曼昆：《经济学原理微观经济学分册（第 5 版）》（梁小民，梁砾译），北京大学出版社 2009 年版。

［51］潘小军：《低碳经济浪潮下中国碳金融市场发展策略》，载于《软科学》2011 年第 7 期。

［52］戚婷婷、鲁讳：《核证减排量现货市场与期货市场的价格发现》，载于《北京理工大学学报（社会科学版）》2009 年第 12 期。

［53］齐绍洲：《碳交易初始配额分配——模式与方法的比较分析》，载于《武汉大学学报（哲学社会科学版）》2013 第 5 期。

［54］盛春光：《中国碳金融市场发展机制研究》，东北林业大学 2013 年博士论文。

［55］盛春光：《中国碳金融市场发展机制研究》，科学出版社 2015 年版。

［56］宋磊：《我国碳交易市场法律制度构建》，云南财经大学 2014 年硕士论文。

［57］孙兆东：《中国碳金融交易市场的风险及防控》，吉林大学2015年博士论文。

［58］陶春华：《我国碳排放权交易市场与股票市场联动性研究》，载于《北京交通大学学报（社会科学版）》2015年第4期。

［59］汪燕：《碳配额如何分配》，载于《浙江经济》2015年第15期。

［60］汪中华、胡垚：《我国碳排放权交易价格影响因素分析》，载于《工业技术经济》2018年第2期。

［61］王丹、程玲：《欧盟碳配额现货与期货价格关系及对中国的借鉴》，载于《中国人口·资源与环境》2016年第7期。

［62］王丹彤：《建立健全低碳经济的金融创新机制》，载于《经济研究参考》2010年第60期。

［63］王科、陈沫：《中国碳交易市场回顾与展望》，载于《北京理工大学学报（社会科学版）》2018年第2期。

［64］王倩、路京京：《短期利率波动对碳交易价格影响的区域异质性》，载于《社会科学辑刊》2018年第1期。

［65］王倩、路京京：《人民币汇率对中国碳价的冲击效应——基于区域差异的视角》，载于《武汉大学学报（哲学社会科学版）》2018年第2期。

［66］王锐：《碳排放权交易的市场定价》，哈尔滨工业大学2010年硕士论文。

［67］王双英、李东、王群伟：《国际石油价格对世界碳交易市场的影响研究》，载于《价格理论与实践》2011年第3期。

［68］王遥：《碳金融：全球视野与中国布局》，中国经济出版社2010年版。

［69］王元龙：《把碳金融培养成中国金融业新增长点》，载于《中国经济时报》，2009年12月30日。

［70］王增武、袁增霆：《碳金融市场中的产品创新》，载于《中国金融》2009年第24期。

［71］王祝雄、吴秀丽、章升东、张国斌、曾以禹、吴柏海：《新西兰碳排放交易制度设计对我国林业碳汇交易的启示》，载于《世界林业研究》

2013 年第 5 期。

[72] 韦伟、潘泽瀚：《基于 Garch 模型碳排放期权定价方法研究》，载于《中国外资》2014 年第 1 期。

[73] 魏一鸣、王凯、凤振华、从荣刚：《碳金融与碳市场——方法与实证》，科学出版社 2010 年版。

[74] 吴勇、林悦：《非平衡面板数据模型的估计方法及应用》，载于《统计与决策》2013 年第 8 期。

[75] 肖艳、李晓雪：《新西兰碳排放交易体系及其对我国的启示》，载于《北京林业大学学报（社会科学版）》2012 年第 3 期。

[76] 徐静、储盼、任庆忠：《碳排放权期权定价及实证研究》，载于《统计与决策》2015 年第 6 期。

[77] 许帅：《欧盟排放交易体制的碳价格影响因素分析》，暨南大学 2013 年硕士论文。

[78] 姚晓芳、陈箐：《欧美碳排放交易市场发展对我国的启示与借鉴》，载于《经济问题探索》2011 年第 4 期。

[79] 杨宝臣、满佳程、刘传泽、苟泽浩：《碳排放权价格的政策效应：我国碳排放试点的经验证据》，载于《电子科技大学学报（社科版）》2018 年第 1 期。

[80] 易兰、杨历、李朝鹏、任凤涛：《欧盟碳价影响因素研究及其对中国的启示》，载于《中国人口·资源与环境》2017 年第 6 期。

[81] 于洋、高丽莉、王树堂：《欧盟碳排放交易市场发展对我国的启示》，载于《环境保护》2016 年第 17 期。

[82] 袁鹰：《碳金融：不仅仅是机会》，载于《金融博览：财富》2008 年第 8 期。

[83] 曾刚、王志宏：《国际碳金融市场：现状、问题与前景》，载于《国际金融研究》2009 年第 10 期。

[84] 张晨、彭婷、刘宇佳：《基于 GARCH——分形布朗运动模型的碳期权定价研究》，载于《合肥工业大学学报（自然科学版）》2015 年第 11 期。

[85] 张伟：《论中国环境保护投融资方式与创新》，中国海洋大学

2005年博士论文。

[86] 张燕玲：《碳排放权交易的实物期权定价方法与数学模型》，天津大学2011年硕士论文。

[87] 张益纲、朴英爱：《世界主要碳排放交易体系的配额分配机制研究》，载于《环境保护》2015年第10期。

[88] 张跃军、魏一鸣：《国际碳期货价格的均值回归：基于EU ETS的实证分析》，载于《系统工程理论与实践》2011年第2期。

[89] 张跃军、魏一鸣：《化石能源市场对国际碳市场的动态影响实证研究》，载于《管理评论》2010年第6期。

[90] 张云：《中国碳金融交易价格机制研究》，吉林大学2015年博士论文。

[91] 张宗友：《二氧化碳减排的实物期权投资评价方法研究》，中南大学2007年硕士论文。

[92] 赵静雯：《欧盟碳期货价格与能源价格的相关性分析》，载于《金融经济》2012年第14期。

[93] 赵捧莲：《国际碳交易定价机制及中国碳排放权价格研究》，华东师范大学2012年博士论文。

[94] 赵平飞：《欧盟排放权交易体制下碳金融资产定价研究》，成都理工大学2011年硕士论文。

[95] 郑爽、张敏思：《2012年欧盟碳市场评述》，国家应对气候变化战略研究和国际合作中心2012年工作论文。

[96] 周一帆：《碳交易初始配额分配中的博弈及政策设计》，华东理工大学2013年硕士论文。

[97] 曾刚、万志宏：《国际碳交易市场：机制、现状与前景》，载于《中国金融》2009年第24期。

[98] 朱帮助：《国际碳市场价格驱动力研究——以欧盟排放交易体系为例》，载于《北京理工大学学报（社会科学版）》2013年第3期。

[99] 朱帮助、王平、魏一鸣：《基于EMD的碳市场价格影响因素多尺度分析》，载于《经济学动态》2012年第6期。

[100] 朱跃钊、陈红喜、赵智敏：《基于B-S定价模型的碳排放权交

易定价研究》，载于《科技进步与对策》2013 年第 5 期。

[101] 邹绍辉、张甜：《国际碳期货价格与国内碳价动态关系》，载于《山东大学学报（理学版）》2018 年第 5 期。

[102] 邹亚生、魏薇：《碳排放核证减排量（CER）现货价格影响因素研究》，载于《金融研究》2013 年第 10 期。

[103] Adam Smith, *The Wealth of Nations*, New York: Random House, Inc., 1776.

[104] Alexander Brauneis, Roland Mestel, Stefan Palan, "Inducing low-carbon investment in the electric power industry through a price floor for emissions trading", *Energy Policy*, vol. 53, February 2013, pp. 190 – 204.

[105] Anna Creti, Pierre-André Jouvet, Valérie Mignon, "Carbon price drivers: Phase I versus Phase II equilibrium?", *Energy Economics*, vol. 34, January 2012, pp. 327 – 334.

[106] Arieke Boersen, Bert Scholtens, "The relationship between European electricity markets and emission allowance futures prices in phase II of the EU (European Union) emission trading scheme", *Energy*, vol. 74, September 2014, pp. 585 – 594.

[107] Arthur Cecil Pigou, *Wealth and Welfare*, London: Macmillan, 1912.

[108] Bangzhu Zhu、Shujiao Ma、Julien Chevallier、Yiming Wei, "Modelling the dynamics of European carbon futures price: A Zipf analysis", *Economic Modelling*, vol. 38, February 2014, pp. 372 – 380.

[109] Beat Hintermann, "Allowance price drivers in the first phase of the EU ETS", *Journal of Environmental Economics and Management*, vol. 59, January 2012, pp. 43 – 56.

[110] Boulis Maher Ibrahim, Iordanis Angelos Kalaitzoglou, "Why do carbon prices and price volatility change?", *Journal of Banking & Finance*, vol 63, February 2016, pp. 76 – 94.

[111] Christian Conrad, Daniel Rittler, Waldemar Rotfuß, "Modeling and explaining the dynamics of European Union allowance prices at high-frequency", *Energy Economics*, vol. 34, January 2012, pp. 316 – 326.

[112] Dales, J. H., *Pollution, Property and Prices: An Essay in Policy-making and Economics*, Toronto: University of Toronto Press, 1968, pp. 10 – 12.

[113] Daniel Rittler, "Price discovery and volatility spillovers in the European Union emissions trading scheme: A high-frequency analysis", *Journal of Banking & Finance*, vol. 36, March 2012, pp. 774 – 785.

[114] Derek W. Bunn, Carlo Fezzi, "Interaction of European carbon trading and energy prices", *Fondazione Eni Enrino Mattei Working Papers*, July 2007, pp. 123 – 146.

[115] Emilie Alberola, Julien Chevallier, Benoît Chèze, "Price drivers and structural breaks in European carbon prices 2005 – 2007", *Energy Policy*, vol. 36, February 2008, pp. 787 – 797.

[116] Emilie Alberola, Julien Chevallier, Benoît Chèze, "The EU emissions trading scheme: Disentangling the effects of industrial production and CO_2 emissions of carbon prices", *International Economics*, vol. 116, May 2008, pp. 93 – 126.

[117] Eric Cowan, "Topical Issues In Environmental Finance", *Eepsea Special & Technical Paper*, vol. 43, January 1998, pp. 4 – 6.

[118] Erik E. Theissen, *Price discovery in spot and futures markets: A reconsideration*, CFS Working Paper Series from Center for Financial Studies (CFS), 2009, pp. 9 – 17.

[119] Eva Benz, Stefan Trueck, "Modeling the price dynamics of CO_2 emission allowances", *Elsevier Science*, vol. 31, February 2008, pp. 4 – 15.

[120] Fatemeh Nazifi, "Modelling the price spread between EUA and CER carbon prices", *Energy Policy*, vol. 56, May 2013, pp. 434 – 445.

[121] Felix Chr. Matthes, Karsten Neuhoff, *Auctioning in the European Union emissions trading scheme*, Report commissioned by Institute for Applied Ecology, Berlin, 2007.

[122] Fernando Palao, Angel Pardo, "Assessing price clustering in European carbon markets", *Applied Energy*, vol. 92, April 2012, pp. 51 – 56.

[123] Gary Koop, Lise Tole, "Forecasting the European carbon market",

Journal of the Royal Statistical Society: *Series A* (*Statistics in Society*), vol. 176, January 2013, pp. 723 – 741.

[124] George Daskalakis, "On the efficiency of the European carbon market: New evidence from phase Ⅱ", *Energy Policy*, vol. 54, March 2013, pp. 369 – 375.

[125] George Daskalakis, Dimitris Psychoyios, Raphael Markellos, "Modeling CO_2 emission allowance prices and derivatives: Evidence from the EEX", *Athens University of Economics and Business*, 2006, pp. 166 – 183.

[126] George Daskalakis, Dimitris Psychoyios, Raphael N. Markellos, "Modeling CO_2 emission allowance prices and derivatives: Evidence from the European trading scheme", *Journal of Banking & Finance*, vol. 33, July 2009, pp. 1230 – 1241.

[127] George Daskalakis, Raphael Markellos, "Are the European carbon markets efficient?", *Review of Futures Markets*, vol. 17, August 2008, pp. 103 – 128.

[128] George Milunovich, Alison Stegman, Deborah Cotton, "A review of carbon trading theory and practice", *Electronic Energy*, May 2007, pp. 2071 – 2079.

[129] George Milunovich, Roselyne Joyeux, "Testing market efficiency and price discovery in European carbon markets", *Research papers*, January 2007, pp. 1 – 42.

[130] George S. Atsalakis, "Using computational intelligence to forecast carbon prices", *Applied Soft Computing*, vol. 43, February 2016, pp. 107 – 116.

[131] Guangxi Cao, Wei Xu, "Multifractal features of EUA and CER futures markets by using multifractal detrended fluctuation analysis based on empirical model decomposition", *Chaos*, *Solitons & Fractals*, vol. 83, February 2016, pp. 212 – 222.

[132] Gürler Ülkü, Y enigün Deniz, Çağlar Mine, Berk Emre, "On the Modeling of CO_2 EUA and CER Prices of EU-ETS for the 2008 – 2012 Period", *Applied Stochastic Models in Business and Industry*, vol. 32, 2016, pp. 375 – 395.

[133] Jan Horst Keppler, Maria Mansanet-Bataller, "Causalities between CO_2, electricity, and other energy variables during phase Ⅰ and phase Ⅱ of

the EU ETS", *Energy Policy*, vol. 38, July 2010, pp. 3329 – 3341.

[134] Joachim Schleich, Clemens Cremer, "Using benchmarking for the primary allocation of EU allowances-An application to the German power sector", *Fraunhofer Institute Systems and Innovation Research Working Paper*, January 2007.

[135] Jose Salazar, "Environmental finance: Linking two world", *Presented at a Workshop on Financial Innovations for Biodiversity Bratislava, Slovakia*, 1998.

[136] Julien Chevallier, "A model of carbon price interactions with macroeconomic and energy dynamics", *Energy Economics*, vol. 33, November 2011, pp. 1295 – 1312.

[137] Julien Chevallier, "Carbon futures and macroeconomic risk factors: A view from the EU ETS", *Energy Economics*, vol. 31, July 2009, pp. 614 – 625.

[138] Julien Chevallier, "Modelling risk premia in CO_2 allowances spot and futures prices", *Economic Modelling*, vol. 27, May 2010, pp. 717 – 729.

[139] Julien Chevallier, "Nonparametric modeling of carbon prices", *Energy Economics*, vol. 33, November 2011, pp. 1267 – 1282.

[140] Julien Chevallier, Emilie Alberola, Benoît Chèze, "European carbon prices fundamentals in 2005 – 2007: The effects of energy markets, temperatures and sectorial production", *Economix Working Papers*, February 2007, pp. 33.

[141] Julien Chevallier, Florian Ielpo, Ludovic Mercier, "Risk aversion and institutional information disclosure on the European carbon market: A case study of the 2006 compliance event", *Energy Policy*, vol. 37, January 2009, pp. 15 – 28.

[142] Julien Chevallier, Yannick Le Pen Benoît Sévi, "Options introduction and volatility in the EU ETS", *Resource and Energy Economics*, vol. 33, 2011, pp. 855 – 880.

[143] Li Xu, Shi-Jie Deng, Valerie M. Thomas, "Carbon emission permit price volatility reduction through financial options", *Energy Economics*, vol. 53, January 2016, pp. 248 – 260.

[144] Luis A. Gil-Alana, Rangan Gupta, Fernando Perezde Gracia,

"Modeling persistence of carbon emission allowance prices", *Renewable and Sustainable Energy Reviews*, vol. 55, March 2016, pp. 221 – 226.

[145] Marc Gronwald, Janina Ketterer, Stefan Trueck, "The Relationship between Carbon, Commodity and Financial Markets: A Copula Analysis", *The Economic Society of Australia*, vol. 87, September 2011, pp. 105 – 124.

[146] Marc S. Paolella, Luca Taschini, "An econometric analysis of emission allowance", *Social Science Electronic Publishing*, vol. 32, October 2008, pp. 2022 – 2032.

[147] Maria Mansanet-Bataller, Julien Chevallier, Morgan Hervé-Mignucci, Emilie Alberola, "EUA and sCER phase Ⅱ price drivers: Unveiling the reasons for the existence of the EUA-sCER spread", *Energy Policy*, vol. 39, March 2011, pp. 1056 – 1069.

[148] Maria Mansanet-Bataller, Angel Pardo, Enric Valor, "CO_2 prices, energy and weather", *The Energy Journal*, vol. 28, July 2007, pp. 73 – 92.

[149] Marius Frunza, Dominique Guegan, Antonin Lassoudière, "Dynamic factor analysis of carbon allowances prices: From Classic Arbitrage Pricing Theory to Switching Regimes", *Dominique Guegan*, June 2010, pp. 1 – 20.

[150] Marliese Uhrig-Homburg, Michael Wagner, "Futures price dynamics of CO_2 emission allowances-An empirical analysis of the trial period", *Journal of Derivatives*, vol. 17, November 2009, pp. 145 – 167.

[151] Maslow A. H,, "A Theory of Human Motivation", *Psychological Review*, vol. 50, 1943, pp. 370 – 396.

[152] Michael Wolfgang Wagner, Marliese Uhrig-Homburg, "Futures price dynamics of CO_2 emission certificates-An empirical analysis", *Journal of Derivatives*, vol. 17, January 2009, pp. 73 – 88.

[153] Mohamed El HédiArouri, Fredj Jawadi, Duc Khuong Nguyen, "Nonlinearities in carbon spot-futures price relationships during phase II of the EU ETS", *Economic Modelling*, vol. 29, May 2012, pp. 884 – 892.

[154] Nicolas Koch, Sabine Fuss, Godefroy Grosjean, Ottmar Edenhofer, "Causes of the EU ETS price drop: Recession, CDM, renewable poli-

cies or a bit of everything? —New evidence", *Energy Policy*, vol. 73, October 2014, pp. 676 - 685.

[155] Patricia Pereirada Silva, BlancaMoreno, Nuno Carvalho Figueiredo, "Firm-specific impacts of CO_2 prices on the stock market value of the Spanish power industry", *Energy Policy*, vol. 94, July 2016, pp. 492 - 501.

[156] Piia Aatola, Markku Ollikainen, Anne Toppinen, "Impact of the carbon price on the integrating European electricity market", *Energy Policy*, Vo1. 61, October 2013, pp. 1236 - 1251.

[157] Rita Sousa, Luís Francisco Aguiar-Conraria, Maria Joana Soares, "Carbon financial markets: A time-frequency analysis of CO_2 prices", *Physica A: Statistical Mechanics and its Applications*, vol. 15, November 2014, pp. 118 - 127.

[158] Ronald H. Coase, "The Problem of Social Cost", *The Journal of Law and Economics*, vol. 3, 1960, pp. 1 - 44.

[159] Shawkat Hammoudeh, Duc Khuong Nguyen, Ricardo M. Sousa, "What explain the short-term dynamics of the prices of CO_2 emissions", *Energy Economics*, vol. 46, November 2014, pp. 122 - 135.

[160] Sonia Labatt, Rodney R. White, *Carbon Finance: The Financial Implications of Climate Change*, New Jersey: John Wiley & Sons, Inc., 2007, pp. 11 - 22.

[161] Suk Joon Byun, Hangjun Cho, "Forecasting carbon futures volatility using GARCH models with energy volatilities", *Energy Economics*, vol. 40, November 2013, pp. 207 - 221.

[162] SvetlanaViteva, Yulia V. Veld-Merkoulova, KevinCampbell, "The forecasting accuracy of implied volatility from ECX carbon options", *Energy Economics*, vol. 45, September 2014, pp. 475 - 484.

[163] Takashi Kanamura, "Role of carbon swap trading and energy prices in price correlations and volatilities between carbon markets", *Energy Economics*, vol. 54, February 2016, pp. 204 - 212.

[164] TheWorld Bank, *State and Trends of Carbon Pricing*, 2009.

[165] Ulrich Oberndorfer, "EU emission allowances and the stock mar-

ket: Evidence from the electricity industry", *Ecological Economics*, vol. 68, February 2009, pp. 1116 -1126.

[166] W. David Montgomery, "Markets in licenses and efficient pollution control programs", *Journal of Economic Theory*, vol. 5, December 1972, pp. 395 -418.

[167] Xiaojia Liu, Haizhong An, LijunWang, Xiaoliang Jia, "An integrated approach to optimize moving average rules in the EUA futures market based on particle swarm optimization and genetic algorithms", *Applied Energy*, vol. 185, January 2017, pp. 1778 -1787.

[168] Zhen-Hua Feng, Yi-Ming Wei, Kai Wang, "Estimating risk for the carbon market via extreme value theory: An empirical analysis of the EU ETS ", *Applied Energy*, vol. 99, November 2012, pp. 97 -108.

后 记

经过多次补充、修改之后，本书终于顺利出版。

首先，感谢我的博士导师中国矿业大学（北京）管理学院的李百吉教授。本书是在我博士毕业论文的基础上修改而成，感谢导师对我的谆谆教诲和耐心指导。导师宽广的胸怀、严谨的学术态度、深厚的学术积累，对学生的关怀和悉心教诲让我受益良多，终生难忘。在成为一名高校教师后，我始终以导师为榜样，严格要求自己，不忘初心。饮水思源，在这里向导师李百吉教授表示最真挚的感谢！

其次，感谢经济科学出版社对本书的出版所做的诸多工作。

最后，感谢我的家人，你们是我的精神支柱，是我奋斗的动力源泉，感谢你们的包容和鼓励，感谢你们默默无私的支持，是你们对我的爱激励着我不断进取，给予我面对挑战的勇气和力量，我永远爱你们！

科研工作是一个艰辛的探索过程，也是一个充满乐趣的学习过程。然而学无止境，多闻则寡，随着科研工作的不断深入，我才愈发感觉自己知识的局限性，唯有在未来的日子里倍加努力，方能站得更高，望得更远。

“路漫漫其修远兮，吾将上下而求索”，谨以此诗句与大家共勉。

郑宇花

2019 年 6 月

图书在版编目（CIP）数据

碳金融市场的定价与价格运行机制研究／郑宇花著
．—北京：经济科学出版社，2019.10
ISBN 978－7－5218－0881－0

Ⅰ.①碳…　Ⅱ.①郑…　Ⅲ.①二氧化碳－排污交易－金融市场－研究　Ⅳ.①F831.2②X511

中国版本图书馆 CIP 数据核字（2019）第 202504 号

责任编辑：齐伟娜　赵　蕾
责任校对：蒋子明
责任印制：李　鹏

碳金融市场的定价与价格运行机制研究
郑宇花　著
经济科学出版社出版、发行　新华书店经销
社址：北京市海淀区阜成路甲 28 号　邮编：100142
总编部电话：010－88191217　发行部电话：010－88191522
网址：www.esp.com.cn
电子邮箱：esp@esp.com.cn
天猫网店：经济科学出版社旗舰店
网址：http://jjkxcbs.tmall.com
北京季蜂印刷有限公司印装
710×1000　16 开　10.5 印张　170000 字
2019 年 11 月第 1 版　2019 年 11 月第 1 次印刷
ISBN 978－7－5218－0881－0　定价：47.00 元
（图书出现印装问题，本社负责调换。电话：010－88191510）